仕舞える住まいの収納学

仕舞える住まいの収納学

ゴタゴタ病根本治療の処方箋

山口昌伴

農文協

はじめに

片づけても片づけても、片づかない――住まいの収納苦症候群《シンドローム》の処方箋

今どきの住まい、不意打ちに踏み込んだらモノ溢《あふ》れ乱雑な生活風景は凄絶といってよい。あらかじめ電話で予約してから――でも事態はさして変わらない。ナニヨ！　うちは片づいてますワヨ！　あ、これは失礼いたしヤシタ。ま、たいていの家は凄いんですよ。――そう弁解しても奥様フクレちゃうかも。ま、私のうちは凄絶デス、ということにして話を進める――あ、うちの家内がフクレる、まずいなマズイナ。世間一般、日本の家はモノ溢れでメチャクチャになっとる。

◉靴の踏み場もない玄関先

実は私、生活実態調査から住宅設計方法論を打ち立てようっていう仕事がら、他人《ひと》の家に前ぶれなしにずいぶん踏み込んできた。リビングルーム研究ではリビング応接激戦地戦跡調査、キッチン修羅場実態調査、トイレ・洗面・バスルーム探検ではおトイレが奥様手芸展示ギャラリーであることを発見。そんな住まい探検・調査では、まずピンポ～ン。玄関に踏み込もうとすると、半畳土間、一坪土間に靴がやたら並んだりブーツが転んだりしていて、足の踏み場、いや靴の踏み場もない。あ、我が家がそうなのです。よってヨソ様もだいたいこんなモンだろうと――。

どうしてこんなことになるのか。下駄箱――いや古かったか、靴入れはちゃんとある。

●一足（いっそく）ごとに――それぞれの理由があってこの種類が、この向き、この角度。サンダルが笑ってるのも、ブーツがへたりこんでるのも理由があって、やがて哀しい。

横長で片袖が上床に伸びていたりして、インテリア・デザインとしては格好よく納まりがついてる——その上、靴入れの甲板の上がすごい。花瓶か水盤があって、花が生けてある。その上の壁には額入りの絵がかかっていたりする。新築時、ないし引越してきた当初はこれだけだったからサマになっていた。これは「玄関先床の間」と呼んでいい。本床《ほんどこ》に較べて幅はあるが、奥行きが狭いので正式には置押板《おきおしいた》である。

◉玄関先ミニ床の間飾りの悉皆《しっかい》調査報告

新築祝いレセプション・パーティーの時点では置押板・ミニ床の間の品位を保っていた。花瓶（各務《かがむ》クリスタル、結婚祝い、妻の高校同級生一同）と花瓶類（オランダ土産＝ヨーロッパ新婚旅行記念）、額絵（中国蘇州、刺繍絵・上海友誼商店）は最初からのものだが、その後いろいろの物が置かれることになった。その一〇年後の実景を……念のため数えあげてみる（——後記・やめておけばよかった）。

ポルトガル土産の**木製極彩色の雄鶏**。デンマークの**白木の板に彩色の雄鶏**が隅っこに置かれている。その脇には母の形見の、色あせた**フランス人形**がガラスケースに入っていて、そのケースの上面広場にはロシアの木製刳り物の、**入れ子人形マトリョーシカ**が中味の子人形を出して並べてある——大の大、大の小、中の大、中の中、中の小、……。こけしも林立している。仙台の先、**秋保《あきう》温泉の特大こけし**。**鳴子温泉の小さめのこけし**。山形のけずりかけ・**お鷹ぽっぽ**。アイヌ古潭土産品・**鮭をくわえた雄熊**とそれをほしがっている**雌熊の木彫り**セット、壁にピンでとめてあるのは沖縄の**クバの葉の団扇《うちわ》**。ご令嬢の手芸教室でのお作品・**木目込人形**と和紙を畳んだ**あねさま人形**がこけている。そして奥側には一列に、赤褐色の——**万古焼き**だナ、龍、蛇、猿、猪——あ、**十二支**か。常滑の製陶会社の年賀シリーズだァ。羊から犬までがいないなァ。ご亭主に訊ねると、とても十二支は並びきらん、梱包をあけてみてあまり気に入らないのは深夜にこっそり道の真ん中の白線のところに置いといたら、翌朝見に行ったらなくなってた――捨てる神あれば拾う神あり、さ。がらくたの捨て方その一だね。まだまだ半分である。

色ちがいビーズで描いた広重の赤富士に**時計がはめ込んである額**、親戚の新婚祝い記念品。**高砂や～の浮彫り額**に時計・寒暖計付き、これは還暦祝いか。パールピンクの**ハート型置時計**は姪ごさんかなんかの結婚式引出物だろう。空っぽの**鳥籠**とフリル付き**金魚鉢**、これも水苔がひからびたままの空っぽ。そしてうつむきかげんのまま動かなくなった**水呑鳥**[*1]。その前に寿司屋の置いていった水引を印刷した半紙に巻かれたままの**お中元手拭い**。自動車セールスマンの置いていった**名刺三枚**。宅配便が来たときにいる**判子**《はんこ》。そして**寿司桶三段**。こまかく拾えばまだまだある――各自ご自分のお宅の靴入れ甲板ミニ床の間を悉皆《しっかい》調査の上、報告されたい。

なぜ、ここに、こういうどうでもいいようなものが、どうでもよくなくて（仕舞い込めなくて、捨てられなくて）なぜこの狭っくるしい晴れ舞台に集まってくるのか。この謎を解くことが片づけの事始めであろう。道具の分類は、収納の第一条件であるからちょっと考えてみよう。

このミニ床の間に集まっているものは大きく分けて四つぐらいに分けられよう。ひとつは見せびらかすほどのものではなくても、「見せる」という使命を負った物たちで、**仕舞い込んだら意味のなくなるもの**――フランス人形から熊の木彫りまで、の類である。もうひとつは**ちょっとだけ用のあるもの**。ピンポ～ン、あ、何か来た、判子、ハンコはどこだ。勝手知らない留守番亭主、引き出し抜いて玄関へ――てなことになるので、ここに置いとけ。もうひとつは**ちょい置きの置きっ放し**。寿司屋の手拭いの類。定期券など**お出かけ懐中もの一式**、玄関の鍵！　外出に携帯すべき品を忘れな盆にまとめておくと、忘れもんがナイ。以上のうちの第一類、木彫りの熊類の並ぶのをある人が「思い出の博物館」と名づけたのは穿《うが》っている。ちょい置き棚としての多様性もあって、もうその家の歴史から親戚

＊1　帽子をかぶった南洋鳥で、直立する脚を支点にシーソーになっていて、前に水をはったコップが置いてあり、鳥の嘴が水に浸かると、ややあって急にそりかえって、嘴が天井を向く。やがてまた頭が下がりはじめて――を一日中くりかえす気化熱を利用したおもちゃ。

の冠婚葬祭行事史、生活の実相まる見えで目のやり場に困る。この絶景、家人が見ればととのっているのだろうが、――初見参の方にはやっぱり凄絶なるゴタつきよう――あ、我が家では、です。みんなうちの家内がわるいのです。

玄関先が靴の踏み場、目のやり場に困る態《てい》、だから家の中のゴタゴタは推して知るべし。だが私は仕事がら生活実態踏査のために上がり込んで、推してではなく測って知っている。どうしてこんなことに――と同じ問いをくり返す。どうしてこんなことに――は第1章で、私の見解を述べよう。ではどうしたらいいのか――は、第3章3「玄関から住まいを設計する」でなんとか片づけてお見せしよう。なぜ玄関床の間が「思い出の博物館」と化すのか、については第4章で解明したい。

●住宅設計に収納設計なし

現代の住まいが患っているモノ溢れ乱雑物品暴威による慢性疾病、がらくたによる生活秩序破壊のがらくた病、片づけても片づけても片づかん症候群の病原は近現代生活財過剰生産にあり、[*2]その感染症予防の健康医学的対応は、すなわち住まいのありようを定める住宅設計の課題であるはずである。

実は私、住宅設計をライフワークとすることを志す自称「住宅建築家」である。その私だからこそいうのだが、住宅設計学の視野のうちに住まいの内なるモノの体系の研究領域が確立していない。[*3]したがって世間の、いわゆる住宅設計家を自称する建築家には、モノ溢れを片づける設計能力が欠如している。いや、これは自分の非才から皆さんもそうだろうと思い込んでいるだけかもしれない。片づく住まいの設計術をモノにし、実践している方がおられたら謝る。これも非才の同業者の思い上がりといわれることをむしろ期待しながらあえてパキッといってしまえば、片づく家の設計術をモノにしていると自認できる人

＊2　病原論は第1章2「溢れはじめたモノの正体」（二四頁）参照。

＊3　巻末の渡辺光雄氏との対談「日本人の暮らしと収納」一五三頁参照。

は名乗り出よ、といったとして、まず全国で一〇人以上出頭してくれる怖れはない。全国の「片づけても片づけても、片づかない家」の総数にくらべたら一〇人じゃあ日本の住まいの片づき効果には目薬にもなるまい。蚊の涙、ノミのオシッコより少量のppm値、一〇〇万分の一にすぎまい。

はっきりいって現代の住宅設計方法論は、一〇〇年前の大正デモクラシー時代に成立したモダン住宅（「文化住宅」ともいう）擬西欧住宅設計方法の延長上にあり、その現代の住まいに侵入するモノの量は点数にして大正時代の約四倍に増えている。けれども住宅面積はどう見ても倍増はしていない。住宅は（人も入るが）物を入れる筥《はこ》なのに、この基本的でタイヘンな設計要素の突然変異に対応する住宅設計方法論の抜本的な考え直しは、なされたことがナイのである。私は「住宅設計家」を自称するからには、この大いなる欠落を指摘し、片づく住まい、仕舞える住まいの設計方法論を提出せざるを得ないのである。

住まいとは住生活行動の場であり、生活行動を支える空間・装備・道具（モノ）の居場所である。しかし住宅設計の設計（デザイン配慮）の対象は生活行動をする人々と、空間――部屋・動線が中心であり、装備と道具（モノ）の居場所は設計（デザイン配慮）から外されてきた。

このことは「住宅建築家」を自称してきた私が反省をこめていうことだから間違いがない。それは私と同類の、住宅設計家を自称している手合いのつくった「某々邸住宅設計図」の平面図を見れば明らかである。

応接室にはソファーやテーブル、サイドボード、暖炉、ときにピアノなどの主要家具は書き込まれている。ダイニングキッチンならダイニングテーブルと食堂椅子、そしてシステムキッチンのひと並びなどは描かれている。ベッドルームにはベッドとナイトテーブルと……。そして集計すればタイヘンな量になるガラクタは描き込まれていない。片づいているのではなく、ナイのである。現実にはある――限りなくあるというのに。

「収納スペースはたっぷりとってあります」――その必要収納量に根拠がない。すぐに満杯になって、はみ出したモノのほうが多いのが実態である。収納設計はまったくされてナイとはいわないが、おざなり設計で、ものの役――片づくのには役に立っていないのである。

はっきりいって収納設計はなされていない。収納設計論は確立していないのである。そして、収納設計を抜きにしたら住宅設計はナリタタナイ。すなわち、今どきの住まい、不肖、いや自称「住宅建築家」の私が反省をこめていえば、住宅設計方法論はいまだ成り立っていないのである。

収納設計方法論はありますよ――反論の声が聞こえる。生活実態調査データをもとにお客様に収納スペースを提案しています。ハウジングメーカー設計部はそのくらいのことはいう。家族構成を聞き出したフェース・シートに分厚い実態調査報告書から数字を写して玄関靴入れはこのくらい、衣服収納はこれくらい……。収納設計をテーマにしました、という新居が完成し、生活が始まったとき、すでにはみ出したものが隅のほうに積んである。そして、日に日にモノは増えていく。「買い物」に出ることは多いが、「捨て物」に出ることは少ない。これではモノは増えていくほかないのが道理である。

◉見せてはいけない住宅雑誌

「こんなおうちに住みたいわ」と家内がいう。私「しまった！」と思う。私のところへは仕事がら住宅関係雑誌が数誌送られてくる。ほとんどがレビュー誌、新築の住宅「作品」誌であって、グラビア頁に繰り広げられるのはみな出来たて、住みたての家である。私は「住みついて一〇年後」レビューを必ず掲載する雑誌にしてほしいと思う。それは創造的住宅「作品」が作品ではなくなっていく――使用前と使用後の対比写真になるはずである。

●家ぎわ族が語る生活変容の歴史
会社人も生活道具も要らなくなるとだんだん窓ぎわへ。そして――会社人は放逐が相場だが道具はベランダ、軒下、裏路地に。家の外ぎわ＝家ぎわで風雨に耐えて余生をしのぐ。スペースのある限り！――これがモンダイ。家ぎわを見て歩けば住居内の道具だての歴史が読める。火鉢が出されたのは石油ストーブが入ったからで一九六〇年。流しユニットはシステムキッチンに仕替えたからで一九八五年頃。家ぎわがこの乱調だから内側の凄絶は推察できる。でもなぜ家ぎわナノカ。日本人の劫（ごう）であり、片づかない根本原因である。小田急沿線住生活変容調査写真集一〇〇〇〇点のうちの三点。（一九九〇年採集、撮影／筆者）

私がそんなごたくを並べていると、家内「この〝お宅拝見〟は一〇年後だって書いてあります」――私「あ、そう、うちも〝撮影〟に来てもらおうか」家内「?.」。

私は「お宅拝見」記事の撮影の日の一部始終をインテリア・コーディネーターから聞いたことがある。取材対象が絞り込まれたら、まず担当編集者が下見に行く。そのお宅の住まいぶりが「よし」となったら、ひと月ほど先に撮影を、と申し出る。新築時の、引越してきたばかりの状態に戻せとはいわない。それは不可能なことだし。そこで一応写真に入らないほうがいいと思われるものは隣のお部屋にでも――生活感があるように物をお残しください、と。そのお宅ではそれからがタイヘンである。

実は写真に入らないほうがいいもんが、残しておける物の何倍もある。よくもまあ、こんなもんまで居座っていたもんだ、といったモノが山積みになっている。隣の部屋どころか、どの部屋もガラクタが持ち込まれて「引越し寸前」状態。でもまあ、撮影するメインルームは何とか格好がついたと（生活感はまだまだありすぎるのだが）住み手は満足している。

奥さま「片づければ片づくものなのね」

ご亭主「いつもこうなっているべきなんだよ」

奥さま「…………」

ご亭主、その後の奥様の反撃を恐怖して、独り言のようにいわく「ときどき〝撮影〟が入るといいんだがなァ」

そしていよいよ撮影の日、ピンポ〜ン「住宅雑誌○△□からのご用命で参りました。インテリア・コーディネーター○×社の者ですが」――奥さま玄関扉ごしに見ると五人もいる。

ご亭主「カメラマン、来たのか?」

奥さま「いいえ、インテリアナントカナントカという人たちが五人も。カメラ機材は持ってないみたい」

その総勢がさっそく片づけを始める。奥さま、すっかり片づけておいたのに、と唖然。しばし大片づけの後、内装工事が始まる。修理セットで改修工事が始まり、このゴムの木、鉢ごと取り替え、と植木屋に走ったり。次に掃除セットが持ち込まれ、一応の掃除が済むと、今度は拭き磨きにかかり、艶《つや》だしまで始める。ほとんど小半日がかりで見違えるようになったインテリアの撮影は始まる。

そうとは知らない世の奥さま、住宅雑誌グラビアの「お宅拝見」豪邸居間をうっとり眺めては、キッ！と亭主を睨みつけ、「もっと広いおうちに住みたいワ（この甲斐性ナシのダメ亭主めと、口ではいわぬが目で云っている）、もう戸棚を買い足せませんわよ、もっと広いおうちを買って！」。上の娘が一緒になって、「よそのおうちはドーシテきれいに片づいてるのかしら」——私は胸中でひとりごと「見せてはいけない住宅雑誌」。

◉収納設計のまえに生活設計

住宅設計方法の体系のうちに、収納設計の仕方がろくろくナイ、といった。ということはそもそも住宅設計が体系立った設計のやり方を確立していない、型なしだァという馬脚をあらわしてしまっているということである。

なぜ収納設計を忘れて平気という無体《むたい》な住宅設計方法の体系しか住宅設計者、住宅建築家ともあろう人たちが持ち合わせていないのか。これは住み手のほうも含めた「住宅界」ないしは居住文化全体の問題につながる。

「はじめに」で起こした問いに、本書は順々に答えていくために書かれているのだから、まずは基本のキホンのモンダイを私と共有していただかないと困る。世の奥さま、旦那さま、長男、長女、そして住宅設計者・住宅建築家揃いもそろって問題（ここでは住居のありよう、収納のありよう）の基本のキホンの原点をスキップして、ただちに目の前の現象に立ち向かおうとする。「片づけても片づかない」問題を「すぐ片づけようとする」から喧嘩になって、その先の追求は沙汰やみとなるのだ——わが家では。

で、なんでしたっけ？　あ、住宅設計方法論の体系がナッテナイという話だった。

住宅とは、住まいとは、日常生活の行動の場であり、人とモノの容れ物だといった。その「生活設計」が成り立っていないために、住まいの設計が成り立たず、みんなでたらめ設計の家に住んでいるので「片づけても片づけても片づかない」のである。

その「でたらめ設計」の家の典型が「庭付き戸建て住宅（邸宅）」願望商品。その前に借家転々型か、持ち家型かが、自らの生活設計に準拠して選択されなければならないのだが、持ち家願望が先に立つ。

一世帯の夫婦と子ども二世代、これが核家族であり、持ち家願望の庭付き戸建ての理想型。だが子どもの成長というのは速いもので、子どもが大どもになって家に居つかなくなるまでわずか二〇年。持ち家実現に立ち遅れた向きは一〇年そこそこで、その家に育って大どもになったのが出て行く。あとは熟年夫婦が老年夫婦——加齢《カレー》生活者のカレーライフを続けることになる。夫婦ベッドルームへと二階にあがるのもしんどくなって一階のリビングに続く和室に起居（お客も来ないし）。そういったひと昔前の新興住宅戸建て団地は地上三メートル以上はどの家も誰もいない、夜になっても灯りもつかないセカンドフロアーゴーストタウン。じつは都会に出て行った大どもたちの遺留品、あるいは季節用品を預けに来て、必要な季節用品を持ち出していくガラクタ倉庫。一階が生活スペース、二階は「座敷蔵」——古町家にある蔵座敷とは違って座敷蔵。そういう「収納設計」になりゆきで、なりきってしまった例が多い。[*4]

生活設計によって、住まいの型が選択されるとき、収納絶対量もあわせて考慮が働いてはじめて片づく家が実現される。その最初の生活設計に従う住まいの条件設定がナイ、あ

＊4　第1章4「蔵の中で暮らす」四三頁参照。

るいは曖昧模糊、またはでたらめ、ないしは間違った選択に気づきもしない場合に、家の中が片づかなくなる。まず借家生活か持ち家生活か。持ち家生活を採るなら核家族生活か多世代多世帯生活か、一代限りの家か代々家族の住み続ける住まいか。そういうところを起点として、個人の持ち物、家族の持ち物、代々の「家」に伝える持ち物か、一代こっきり使い捨てもんか、それによって永保ち高品質といった選択肢も効いてくる。[*5]

◉収納苦は現代の病——昔は片づいていた

「昔の家はよく片づいていたのになァ」——その「昔」とは七〇〜一〇〇年前までの住まいの内なる景観とみてよい。とすればゴタゴタの元凶と見るべき膨大な点数の「我楽倶多」に罪の大半は帰する。ドイツ、イギリスの知り合いのお宅にお世話になったりして帰国した人、なつかしの我が家にたどりついて「ワーッ」とがらくたゴタゴタ景観の歓迎を受けて、「西欧の家はよく片づいているなァ」。

住まいの中のゴタゴタ景観——片づけても片づけても片づかない収納苦シンドロームは、現代の日本に特有の病である。[*6]

その病の病原菌ガラクタの正体と、その病原菌の狼藉をコントロールできなくなった人間の心の問題、価値観を含めて、モノの心と人の心との交点におけるある錯誤、いわばモノの偏愛、モノ偏執パラノイアについても解明してみる必要があるだろう。これはいわばモノコントロール力喪失による生活文化崩壊を示す事態であり、問題の根は深い。このことについてはほとんど全章で触れていくことになるが、とくに第1章2、第2章2と3、第4章の各章を参照されたい。

日本の住まいでも「昔は片づいていた」のは、ライフスタイルが恒常性をもっていた時代だから、生活文化とそれを支えるモノの体系が合致していたからである、といってよい。

＊5　第1章4「物持ちの持ち物学——家財道具、そして形見」三八頁参照。

＊6　第1章3「西欧は片づいている——ゴタゴタ病は日本に特有な近代病」三四頁参照。

ということは今の生活景観の乱れは、ライフスタイル不成立の状況の露呈であり、それは「生活設計」からの立て直しをゴタゴタ景観が要請しているのである。

「西欧では片づいているのに」——これは「モノの思想」のありようと深く関係する。こういう話になってくると、本書がタイトルにあげている収納設計方法論のノウハウ授けます（「ゴタゴタ病根本治療の処方箋」という云い方）が、ウソなんではと疑われる人もいるだろう。なんや精神論的なお説教をされてオシマイになるんかと、本書を投げ出そうかと思われる怖れもある。しかし、本書は「ゴタゴタ病治療」の対症療法の書を越えようとしているのである。片づけ願望対症療法の本はじつにたくさん刊行されているし、家庭雑誌では「仕舞う知恵、収納の工夫」など収納カンケイの特集を組めばドッと売れる。沈滞気味の月刊誌の売り上げ復元力が「収納ノウハウ特集」にはある。私がそうした対症療法（病気の症状を起こしている患部の治療法）に対して、いわば病気にならないための予防法、健康法、ないし病原菌が発生するメカニズムを解くことによって、広く蔓延している「国民病」ともいうべき「収納病・ゴタゴタ病」の疫学（防疫学）的解明を（とくに4章で）打ち出しているのである。

◉現代文明における人の心と物の世界

私たちの生活の場をゴタゴタにしてくれている物たちは、キッパリいって近代以後にわかに増殖しはじめた近代・現代文明の産物である。このことは第1章3の「ゴタゴタ病は日本に特有な近代病」という、ちょっとトゲのある項でハッキリさせるが、私がもっとも重大な「現代の過失」として指摘しているのは、第4章4の「崩壊する文明」という道具の様態である。

収納の問題は生活の現場レベルの片づけの課題をこえて、社会全体の「物の仕舞い方」から考えていく必要がある。収納の社会学については第4章。その先にはこんな物を支えにした生活があった——その様態を永久に「保存」しようという「最後の願望」がある。そこでは生活文化史博物館のような施設のあり方が問い直される。そこまでを一応でも視野に含めて、「ゴタゴタ病根本治療」の病因と、（治療するに値するかどうかを含めて）処方箋は考えていかなければならないのである。

仕舞える住まいの収納学

目次

第1章

人・物・生活空間

——人・道具・生活系混乱の構図

1 人・道具システムと生活空間

——ゴタゴタ病の病因の構図

住まいに物が溢《あふ》れて、ゴタゴタ——何が狂ったのか。「人・道具・生活のシステム」が狂ったのである。「人」の生活行動を支え、「人」の目的を具現していくには道具がいる。生活内容は「人」と「道具」の働きあいによって成り立っている。かつてはこのシステムが正常に働いていたから片づいていた。システムが正常運転できなくなって生活秩序が崩れ、それが生活景観の乱れ——凄絶なるゴタゴタ景観に現れているのである。

◉人・道具システムと空間・時間システム

生活空間＝生活の場は、その広さと位置、外部空間との関係などの空間システムをもった場所であり、その場所で、人・道具システムが働いて生活文化が織りあげられている、あるいはそれがゴタゴタと崩壊している。生活の場は空間システムであり、これが時間によって変化する。これを人・道具・空間——時間システムといおう。

子どもが大人になる、大人が老人になるのも時間のしくみのうちにとらえられる。時間は年齢といったように個々の、そして家族など「人員構成」の関数としてとらえられる。

ゴタゴタ病はなんといってもまず人・道具システムの狂いが病原の大きな要因になっている。家人は買い物に行くことは多いが、捨て物に出かけることは圧倒的に少ない。食べ物については食べ残し、生ごみなどはちゃんと捨てているから、住まいにおける食べ物の出入りは均衡を保っている——かというと、そうでもない。冷蔵庫の中はたいてい満杯で、奥のほうのものは賞味期限が切れたり、変質し始めている。もちろん一念発起して点検し、ダメになったものは捨てる。私のような少し昔の人間は「勿体ない」という神経がまだ保っているため、ついつい賞味期限の迫ったもの

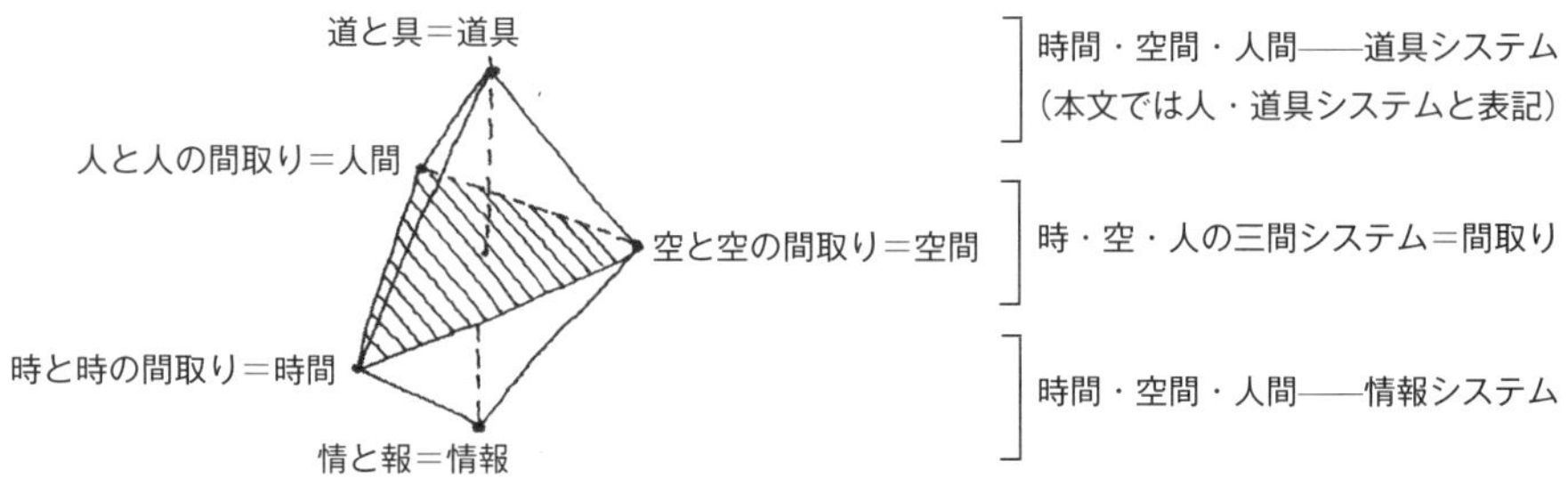

（ないし過ぎたもの）から食べていく。だから冷蔵庫は新鮮で美味《おい》しい食品を不味《まず》くしてから食べる器械になってしまっている。[*1]これも人・物システムを律する時間が狂っているから起こった現象とみてよいだろう。

◉冷蔵庫内ゴタゴタとの類比

　冷蔵庫内空間を住まいの空間全体に類比してみると、庫内と同じようなことが起こっているのである。冷蔵庫内ならぬ生活空間内が満杯の状態で、奥のほうにあるものはもう何を入れたのかも忘れてしまって、とりあえず目に入るもの、手近かにあるものだけを使って暮らしている。冷蔵庫はもとステータス商品であったから大きさ、高さを競ったので、私は「白い巨塔」と呼んでいたのだが、今は中味の大半がわからなくなってしまっているので、「白いブラックボックス」と呼び替えている。住空間も道具が統御不能に陥り、物で溢れてブラックボックス化しているのである。冷蔵庫は三五〇リットル、四〇〇リットルといったある空間量をもっていること、建坪七八㎡といった限定に似ている。そして冷凍庫、氷温室、野菜庫など、部屋に分かれているのも住居になぞらえられる。

　そして「賞味期限」の語が示すように「人」にも賞味期限が——おい、オイ——人にも子ども時代、少年（少女）時代があって、新婚時代からずっときて加齢《カレー》生活に至る、時間の呪縛のうちに生活している。その時々で要る物があり（嫁入り道具やら引き出物やら）、その多くは住居内に滞留していく。

　要は人・道具システムとその変動要因としての時・空システム、そして、これらのシステムの起動と制限を司る情報システムが作用しあっている、ということである。

　この新出の「情報システム」だが、それはここでは物の存在状態が秩序を保つための、知識と知恵と作法（作業方法、ちゃんとしたやり方、すなわち伝承されてきたやり方）の、形成と伝承、そして発展をいう。つまるところ生活文化といえる秩序を保つ情報体系、また当面実用的な言葉でいえば、「収納文化」のソフト部分をいう。

　ゴタゴタ病の対症療法を超える根本治療を施すには、この四つのシステムの構図のうえに病因の脈絡を探していかねばならない。

＊1　若い世代となると賞味期限前のものまで、ポイポイ捨てる。この場合冷蔵庫は食品を買ってきて冷やして捨てる器械になり変わろうとしつつある。

2 溢れはじめたモノの正体
——近代産業の功と罪

モノ溢れゴタゴタ・ライフシーンの発祥は地球人類史の上ではたいへん新しい現象である。それは近代文明の誕生を原因とし、ここ二〇〇年の間に本格化し始めた、ことさら日本で特異な生活現象である。

近代文明とは機械工業のテイクオフ（飛翔的急進展）による産業革命以後の文明体系をいう。産業革命は英国での一七六〇年代発祥を皮切りに、一八三〇年代に欧州を席巻、日本は明治維新以後に近代化に走ることになる。ただし、この新産業体制は日本でもそうだったが、富国強兵と鉄道・道路・港湾・通信・給排水・ガス・電力・建設など国土と都市のインフラストラクチュア（産業基盤）の強化を専らとした時代から始まり、近代産業の力が大衆の生活の場に及んでくるのは西欧で一八六〇年代、日本では一九〇〇年頃からとみてよい。

◉インフラストラクチュア産業から民需産業へ

日本では台所のガス化が始まるのは一九〇四年、第一次家庭電化が喧伝されるのは一九一〇年代からである。日本は一九〇六年、日露戦争に勝ち、富国強兵の成果として国威をおおいに発揚したが、日露戦争までに拍車をかけて急成長した軍需産業と関連産業が終戦によって勢い余り、深刻な戦後不景気に陥る。そこで産業力を民需——民衆の生活場面の需要喚起に向かわせたのである。

かくして大正時代（一九一二〜二五年）は大正デモクラシーといわれる大衆文化昂揚の時代となった。それまで近代的生活用品は舶来輸入品に依っていたが、次々と文化用品の名の下に国産化され、文化生活日用品雑貨が生活の場に溢れることになる。当然生活の場の景観は日本の伝統生活文化の磨きあげてきた

●景品も中元・歳暮も家電製品だった
左頁右上——昭和二七〜三〇年当時、家電製品は豪華景品であった。特等・テレビ、一等・電気洗濯機、または蓄音機、二等・卓上扇風機、または五球スーパーラジオ、三等・蛍光灯スタンド、またはアイロンとある。松下電器産業の昭和二七年の新聞広告。
左頁左上——年末・年始に自社の電化製品を買うと、金賞に五〇〇万円の養老保険、銀賞に電気冷蔵庫ほか家庭電化製品十二点セットが当たる！と、呼びかける日立製作所の新聞広告（昭和三〇年）。
左頁下——お中元の品選びも家電製品。何にしようかしらと思案中は中原ひとみ。昭和三一年の東芝の新聞広告。

美的秩序を失い、ゴタゴタ化に見舞われる。これを「生活景観第一次ゴタゴタ時代」と名づけておこう。

大正時代に始まった生活景観ごたつきの要素としての文化生活日用品雑貨は戦前昭和にはかなり溜まり溜まっていたが、一家の持ち物指数を一九〇〇年時点を一〇〇とすれば、一九二五年頃、大正末、昭和初頭では一三〇（三割増）程度と推定される。

増える一方だったゴタゴタ要因の集積は太平洋戦争中の資源払底時代にかなり軽減されていったうえに、全国九五の大都市の絨毯爆撃による炎上によって大半が焼失してしまった。戦後の日本はどん底生活にあえいでいたが、一九五〇年に朝鮮戦争が勃発、進駐軍御用達の〇進《マルシン》景気で石油工業、電力事業などの産業が大々的に復興、これも一九五二年、休戦により勢い余り、民需に向きなおる。一九五八年には電力業界と電機業界の共同作戦として家庭電化元年が宣言される。

そしていま、なぜか懐かしい昭和三〇年代、「電化」は「文化」と同義とされ、生活近代化、文化的生活の指標は家庭電化製品をどれだけ買い揃えるかがバロメーターとなった。ここ

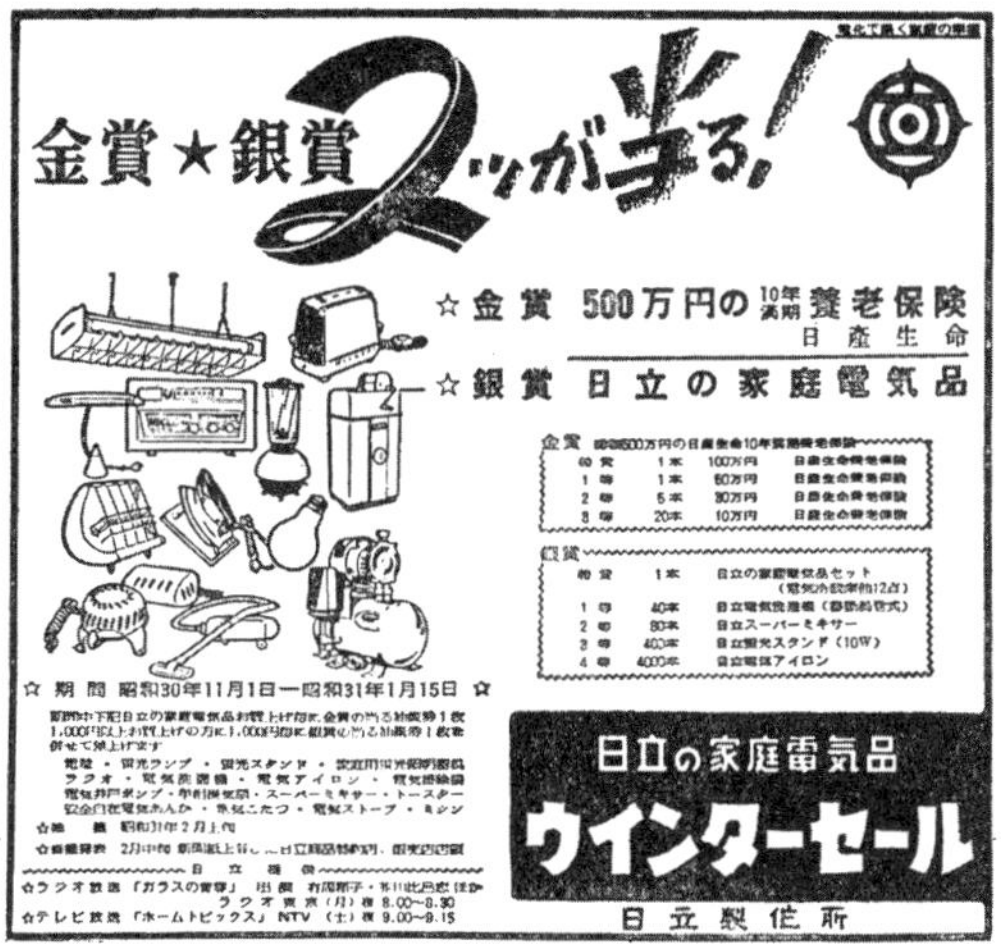

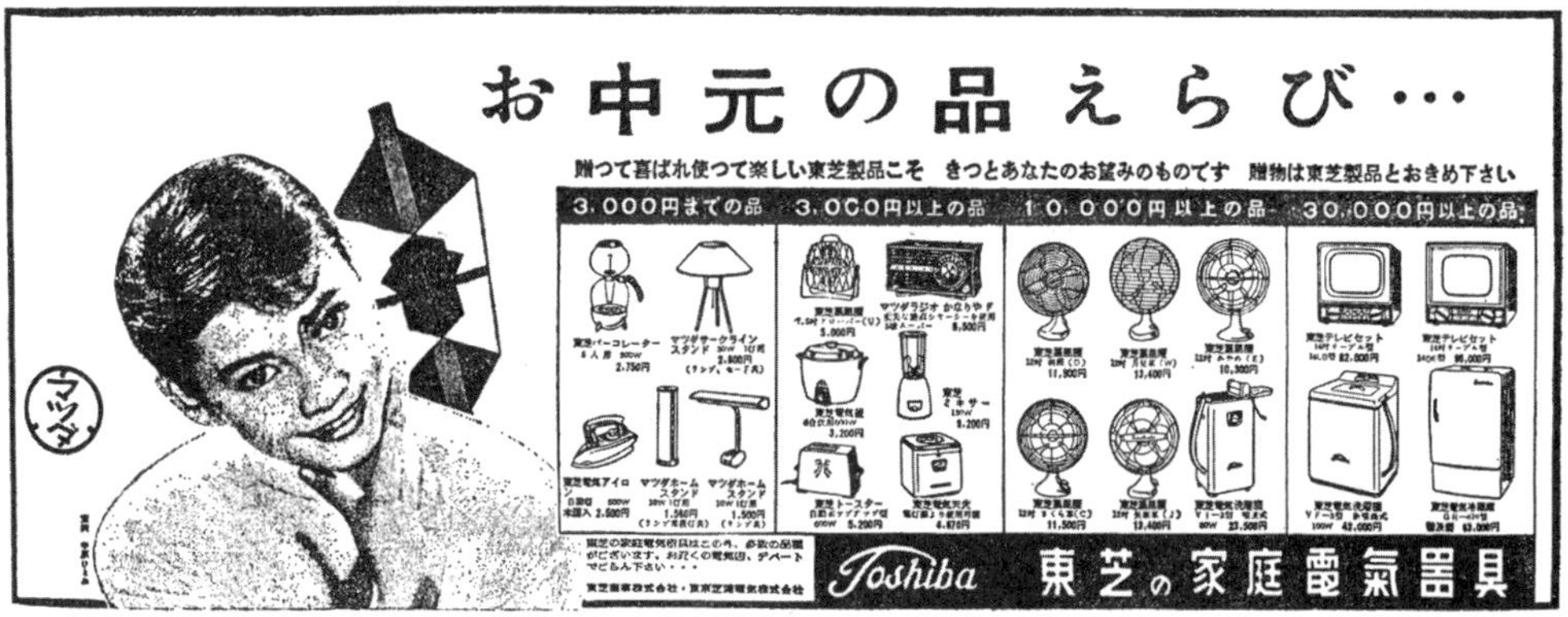

で日本型ゴタゴタ病が本格的に発病するのである。

さきに現代日本の住まいのゴタゴタ病症候群は近代特有の病であり、ことさら日本に特有な猖獗《しょうけつ》現象であるといったが、その日本に特異であることの理由には触れなかった。その理由をここに剔出《てきしゅつ》しておこう。

大正時代と戦前昭和の、一応平和な時代は昭和一二（一九三七）年をもって打ち切られ、産業復興から民需充足の兆しが見えてくる昭和二八（一九五三）年まで、日本の生活者は物不足に悩まされてきた。人生の活躍期に慢性物資不足に見舞われると、人間精神は物欲の権化になるようである。*2 だから昭和三〇年代、家電製品を代表とする新製品は「なんでも」つくれば売れる時代であった。

その、物不足と物欲の欲求不満の状態を示す昭和三一（一九五六）年の新聞広告がある。それはある製薬会社の薬の販促広告で、この○○薬の包装箱を「送ると当たる」懸賞募集。特等賞は当時新発売中の家庭電化製品十三点が貰えるというものであった。

今、私の家で十三点も送ってこられては困る。たいていのものはすでに持っているから

●『ブロンディ』――どん底の生活にあえぐ日本人に「アメリカ生活」への強いあこがれを植えつけた漫画『ブロンディ』は、戦後まもない一九四六年六月から『週刊朝日』に連載された。

*2 それに輪をかけたのが進駐軍将校が家族連れでやってきて、専用住宅街ハイツを区画して進駐軍家庭用住宅を連立させたことであった。

そこは簡素ながらも家庭電化製品フルセットを使い回す、ピカピカステンレスセットキッチン完備であった。その「進んだ文化生活」への憧れはラジオでの「アメリカ生活だより」、デパートの「アメリカに学ぶ生活文化展」、そしてアメリカ家庭漫画ブロンディ（実は一九三〇年末頃の家庭生活が舞台）によって培われた。

そういう予習によって物欲がかきたてられていたからこそ、一九五三年、電力・電機業界が「家庭電化元年」を宣言して家庭電化に乗り出すや「つくれば売れる一〇年間」が始まったのである。家電製品は全品欲しい――その勢いが雑貨全体に及んでいく。今持っていない物は、なんでも「近い将来入手したい」。日本人全体の物狂い症候群の発症である。

である。当時の人々の大半は、そのほとんどをまだ持っていなくて、しかも喉から手が出るほど欲しくてたまらない憧れの製品群だったのである。

こうした限りなくなんでも欲しがる物欲の権化の世代は、二〇〇六、七年にかけて話題の「一斉に定年を迎える団塊の世代」の直前までに生まれた人たちが、働き盛りの年齢にあたっていた。だからなんでも買えるだけ買う人たちであり、生活の場は物溢れをきわめていくことになる。

二〇〇七年現在は、その限りない物欲の世代が元気老人加齢《カレー》ライフを送っており、なかなかモノを捨てたがらない。

こうして生じてきた収納苦シンドロームがもっと違った形の人・道具システムに脱皮する（かもしれない）のは、二〇年は先のことになろう。二〇年先といえば一九八〇年代生まれの世代が四五〜五五才の熟年期の、成熟した家庭生活景観を演出する時期にあたる。本書の使命は当面そこまでの近未来の、ゴタゴタ景観の「片づけかた」にお役に立つことを使命としていることになる。

家の中の物品の点数は一〇〇年前を一〇〇とすると、現在は三〇〇〜四〇〇になろう。そして住まいの面積は先述したように、一時期は狭小化の傾向にあったが、現在は一〇〇年前とほとんど変わっていないと見てよい。同じ大きさの箱に三倍も四倍も物を詰め込んで秩序が保たれるわけがない。では、どうして物が増えたか、増えた物の正体はいったい何なのか。

◉いろいろつくってくださる親切産業のおかげと迷惑

近代を近代ならしめた最大の発明は、科学技術の進展を踏まえていろんな物をつくって売ることを生命力の根源とする生活用品製造企業が働きあう産業資本主義という物づくり社会のしくみである。売買専門業（流通業・商社マンたちの生き場）はその一部が専門化したものだ。先に述べたように、産業が国土建設や軍需に向かっているときは生活場面のほうはあまり影響を受けることはないが、どの時代の戦後にも生産力を高めた軍需産業は勢い余った力を民需・生活用品の増産に向けてくる。人々の生活資材、衣食住の用品の消費を促すことで、産業は生きのびようとする。

ところで物を用いて生活する、ということはどういうことだろうか。人が道具を使い回すことによって、生活の目的を実現していくのが生活の内容である。その、人が道具を使って事を実現するのに用いる技術を「生活技術」という。

「生活技術」に深く関係するのが「産業技術」である。産業技術は科学技術の進展をフルに活用・応用して製品を製造し、市場に商品として流通させる。それらは生活の場にとりこまれて性能を発揮し、生活者の手間や苦労を省いてくれる。それが産業技術の生活者への功徳《くどく》である――ように思える。だからどんどん買い込む。

昭和三〇年代には誰もが家庭電化製品が喉から手が出るほど欲しかった。売りに出された「新製品」は全部欲しかった。それを使い回すことが「文化生活」だった。当時「電化」と「文化」はほとんど同義だった。だから昭和三〇年代初頭には普及率五％以下（ほとんどの家庭が持っていない）が、昭和四〇年代半ばには主要一五品目の普及率が九〇％を超える*3（ほとんど誰もが持っている）。


生活者はスイッチポン道具（機能商品）に使い回されることになっていく。家事労働の機械による代替、それによって叶えられる快適性《コンフォート》――メカニカル・コンフォートが一八七五年頃～一九七五年頃までのアメリカ民需産業のテーマであった。日本ではほぼ四半世紀遅れでこれに追いついていく。

では、「生活技術」とは何だろうか。それは生活者が道具を使い回して生活のめざす内容を実現することである。美味しい食生活を、着心地のよい衣生活を、楽しい遊びを自らの手で、道具を使い回して実現していくことである。

◉美味しい生活技術とは

美味しい食事――自ら庖丁を使って切り刻み、竈《かまど》を使って飯を炊き、七輪を外に持ち出して、堅炭の遠火の強火で（遠赤外線で芯まで）秋刀魚《さんま》を焼く。一時期に採れた野菜を食いのばすために漬物にする。佃煮から手前味噌までホームメイド・コンビニエンスフーズをつくる。おふくろの味である。これが食の生活技術《システム》の体系だった。

●電気洗濯機の街頭実演（昭和二五年）。洗濯デー「全国清掃週間・無料サービス洗濯」を目玉に全国で行われた。戦後の電器業界にとって、家電製品のなかでもっとも早く販路を広げる必要に迫られたのは電気洗濯機だった。（写真提供／共同通信社）

＊3　三〇頁「家電製品の激増」グラフ参照。

産業技術は（この場合、食の）生活技術のシステムの一部を切り取って商品化する。はい、自動炊飯器、ダイアル合わせればおこわもできます、お粥もできます、ピラフもできます。千切り、みじん切り、拍子木に切る——はい、万能調理器を。ゴマが摺りたい——はい、ゴマ摺り器。

◉衣の生活技術は女の生き甲斐

衣の生活技術の体系は麻を植えるところから始まった。日本ではさすがに衣生活が原料づくりから始まる話は伝承からも消えてしまったが、ラオス山中では今も、今年はおまえのスカートをつくってあげようと、親が麻の種を蒔くところから始めるという話を聞いた。「私のスカート」をつくる麻糸を採るのに、どれだけの面積の麻畑がいるかは聞きそびれたが、「ここの麻畑はおまえのスカートの分だよ」と子どもに話している——その情景には感動した。今どき、「おまえのスカート」といわれたら「どのデパートで買ってくれるの?」という話になる。糸を紡ぎ、織り上げるのに布一反で三カ月はかかった。どの家でもそこから始めるのが衣の生活技術の体系《システム》だった。

日本でも大正末期まで大半の家がそうであったし、第二次大戦後にも一部にはまだ残っていた。機織りの技量を発揮することは家族の着るものづくりの役を担う母には歓びであり、誇りであり、生き甲斐でもあった。

それだけに洗濯は布を傷めないできれいにする工夫の体系であった。着物を洗うには縫い糸を解いて、伸子《しんし》張《ば》りや張り板を用い、洗濯——汚れの落とし方には布を傷めないために十数通りの技法があった。

衣の生活技術体系は「消費しない工夫」＝節約という負の生産性を高める家庭内生産技術の体系であった。昭和二四年、はじめてのお年玉年賀はがきの特等賞がミシンだったことは、生活技術が生産技術の一環であり、生活内容の質を高める衣文化を高く保つ文化技術（アート）でもあったことを物語っているのである[*4]。衣料を布からつくっていくとき、それは貴重な生活財だったから大事に整理・監理されていて、ごしゃごしゃとどれがどこにあるかわからなくなるような衣の乱れは起こりえなかった。

●昭和二〇年代後半に婦人誌をにぎわせたミシンの広告（『主婦の友』昭和二六年一一月号）

＊4　衣の生活技術体系とは布を大事に扱うことが根幹だった。戦中戦後は糸を自ら紡ぎ出すことから始めた時代は過ぎ去っていたが、衣料入手の困窮した時代だった。全国的に焼け残った衣料が少なかったので、ひとたび我が家に入った布はぼろぼろになるまで使い回すことが、主婦の「衣の生活技術」の発揮のしどころだった。これを当時のことばで「更生」といった。今どきのことばでは「再生」、リ・ユース、またはリ・サイクルである。そこで、ありあわせの布を用いてそれぞれの用の衣服を仕立てなおす「更生服」がテーマの時代、ミシンひとつあれば家事労働の軽減よりもどれだけ家計が助かるか、計り知れない功徳があった。ミシンが特賞に位置づけられた理由である。

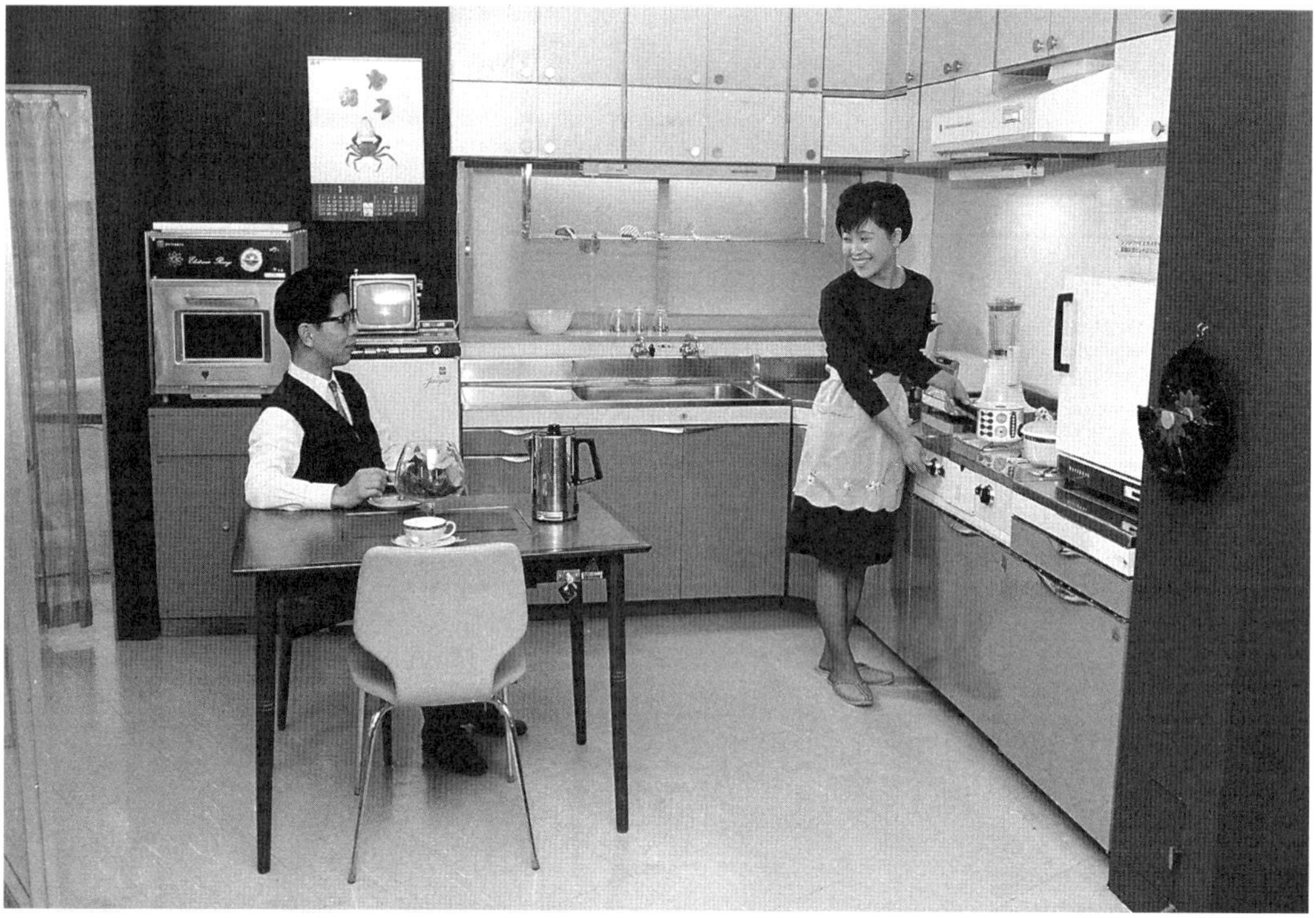

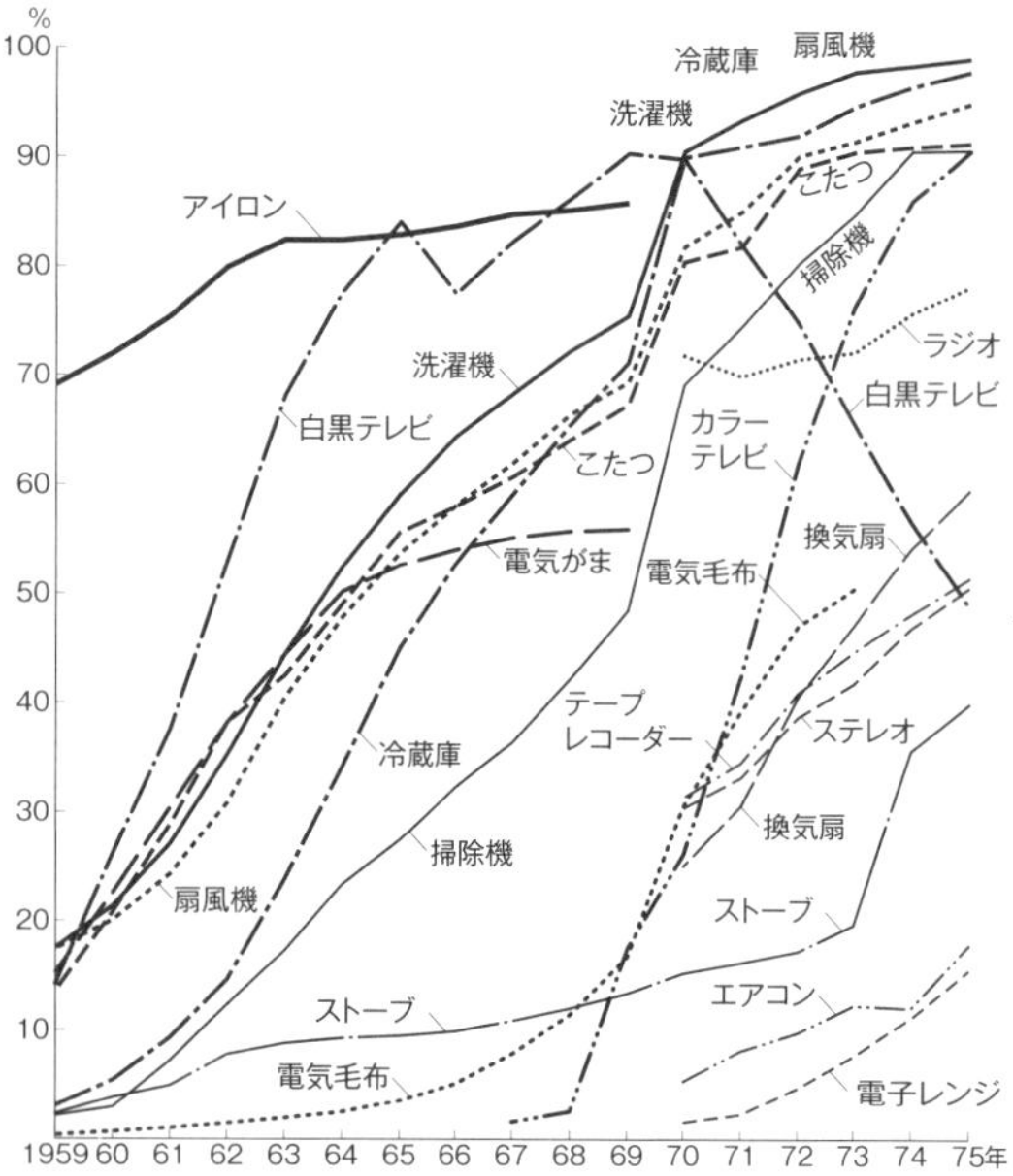

●夢の家電を次々と（上写真）——昭和四〇年代初頭「電気キッチン」は早くも電化製品で埋め尽くされつつある。（写真提供／共同通信社）

●家電製品の激増——一九五九年から一九七五年までの家庭電化製品の普及率の推移。アイロンは昭和初期、ラジオは昭和一〇年から。自動炊飯器（電気がま）はガス釜と合わせると九〇％の大台を超えている。普及率が五％を超えると、大普及と見なされるのが一般的だが、家電はこの一五年間に約五〇品目が三〇％の大台を超えた。（一九七八年「家電月報」）

◉子どもの生活技術
——肥後守一丁から

子どもたちは遊ぶことが仕事だった。その遊びの生活技術をやはりシステムといってよい精緻さで体得していた。昭和三〇年代の子どもたちでさえ既製品の玩具（産業技術の製品）など買ってもらえるもんではなかった。

少年はポケットに折込みナイフ「肥後守《ひごのかみ》」をしのばせていて、玩具は手づくりした。パチンコなり凧なり模型飛行機なり——玩具を工作する工程もまた遊びの重要な一部だった。外へ出るたびに玩具を買ってもらえる時代の子どもたちは玩具に遊ばれていて、玩具をつくって遊ぶことには無能になってはいまいか。買ってもらった玩具がごしゃごしゃに詰まった玩具箱がまるごと捨てに出されているのを見たりすると、そう思わざるをえない。

◉民需産業のもたらしたもの
——生活実体の空洞化

産業技術とは生活技術のシステムの一部を飯を炊くなり、ゴマを摺るなり、洗濯行動なりを切りとって商品化して、生活の場に戻してくる。そうした機能商品を全部買い揃えたら生活技術を活かすスキはなくなってしまう。それが生活に何をもたらしたのか。

私は生活の実体の空洞化であった、と見る。これは生活の根幹をゆるがす重大な喪失である。一方で品質も生産原価の呪縛《じゅばく》から粗放化していく。この面での喪失も大きい。

食生活では——××ホテルのシェフがつくったレトルト・ナントカ・カレーなどは品質の粗放化とは断じきれないものがあるし、自動炊飯に込められた炊飯術も、半世紀にわたってメーカー同士で切磋琢磨してきただけあって相当なもんだと感嘆さえする。

しかし、土鍋で炊いたらすぐ炊けて、しかもバリバリに美味しいことが再発見されたりしている。

産業技術が生活技術を切り取っては製品化して家庭に戻していくことで、生活実体は空洞化した、といったが、そのせいで当然生活者の生活技術能力も退化していった。その無能化度はちょっと停電してみればたちまち明らかになるだろう——一部の人が土鍋を持ち

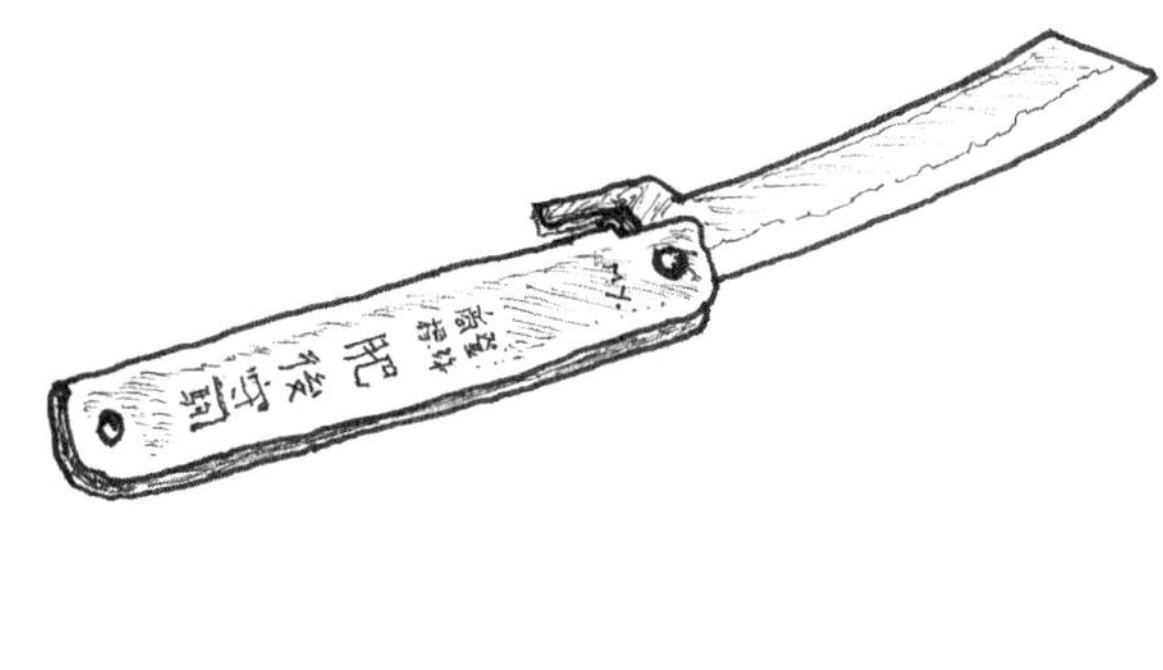

●肥後守——これがなければ遊ぼうにも手も足も出なかった。昭和三五年、社会党書記長浅沼稲次郎刺殺事件で「子どもに刃物を持たせない運動」が起こる。日教組のこの判断も問題だが、すかさず電動鉛筆削りの広告が新聞に続出。親切ごかし産業はその本性を、生活者の視座から問い直されなければならない。（挿絵／筆者）

出すだけで、大半の人は炊飯器が動かなくなったら、パン食で我慢しながら電気がくるのを待つばかりである。

産業技術が生活技術のいろいろな部分を切り取っては商品化するものだから、生活技術の体系自体が寸断され、途中が抜けたり、だぶったりして、物を買うほどゴタゴタしてくるのである。

「生活技術」とは「人の手で道具を使い回す」ことによって目的を実現する技術である。

道具を使い回す人の手は——手もまた身にそなわった「道具」なのだが、この手という道具は「一器多用・万能道具」である。この万能道具を多用していくことで、生活道具は整理されていく。ところが限りなく親切な民需産業——企業が産業技術をもって供する生活用品は一器一用・単能道具が多い。[*5] 一器多用万能道具の使用目的を一器一用単能道具でカバーしきろうとすると、万という道具がいることは文字面から読みとれよう。

モノ＝道具の多様化によって、近代にいたって生活の場が混乱してきたのは、親切企業による生活道具の一器一用化がもっとも大きい要因なのである。

◉ではどうしたらいいか
——脱消費者社会

昔は片づいていた。生活の近代化以前は片づいていた。近代という社会を生み出した産業資本主義社会という発明——私たちの暮らしの場の基本設定が産業生産物消費社会であることで、生活場面が片づかなくなった。ではどうしたらいいか。

生活者が消費者であることをやめたら片づくのである。そんなタイヘンなことを！　と思うなかれ。話は簡単なのである。産業生産物が消費されつづけることで産業資本主義社会はシステムとして維持されているのだが、ここで消費ということはどういうことなのかを考えなおしてみよう。

企業が製造する物は消費者が購入したとき、生産者（流通業も含む）にとっては消費が完了する。いったん買ったものは元へ返すことができないことからも、この産業生産物消費社会の構造はハッキリとわかる。購入した物をまた売りしようとすると、値がひどく下がることからも消費ということの意味は明白

＊5　一器一用単能道具と一器多用万能道具

日本の道具発想は一器多用万能道具型に強く、西欧の道具発想は一器一用単能道具型が強い傾向がある。西欧は亜寒帯北国なので冬とそれ以外の季節の二季しかなく、日本は四季をめぐる温帯なのが、こうした道具発想の傾向の違いを生んだように私は思う。季節が単純だと、収穫物も単純で大量処理が必要となり、単能道具が活きるからである。

一器多様の風呂敷に、一器一用は鞄に対比するとわかりやすい。風呂敷なら書類から西瓜まで包めるが、書類鞄に西瓜は入らない——ボーリング球バッグなら西瓜が入る！

一器一用道具への憧れ——日本のゴタゴタ病には一器一用単能道具への憧れも一因となっている。本来日本人には不得手なほうだけに憧れが強かったのである。

である。産業にとって購入されたことで消費が成立する。生産者にとっては買い取られた物は消費された物であるからゴミでしかない。ところが生活者は生活の運営、ないし生活目的を叶えるために買っている。生産者にとってのゴミを手に入れることから生活は始まる。この関係を逆転することで問題は片づく。ゴミで暮らすことになっている生活場面に溢れる物の問題は片づくことになる。

　高度に発達した科学技術を応用して生活用品をつくる技術は、生活者にとって必要である。しかし、見当違いの親切を押し売りする産業資本主義企業の親切は困る。「生活者に親切な道具」の発想が貧困であっては困る。

　省力、自動化、手間が省ける、フールプルーフ、下手でも使える、経済的でもある、などの利便性と合理性がススンデイルといった錯覚で買い込まれて、生活技術の体系をズタズタにしてしまった。それを消費者ではなく、生活者の立場から返上していくことで、生活者自身が自らの生活を取り戻していけば、生活景観は基本的には片づいていくことになる。生活技術を自らの手に取り戻していけばいい。「身についた道具」である手に、道具を使い回していく能力をつける、道具を使うことを身につけることから始めたらいい。

　婦人たちは衣の仕事がなくなってしまった（全部完成品を買ってきて脱いだら着ない——で、洗濯機に放り込む）——それで手芸教室に通ったりしているが、衣の仕事を仕立てから染めへと取り戻していったら、衣の質は上がり、生き甲斐にもなる。食べ事なら万能調理器や炊飯器を使わないでやってみると、一格上の美味に至れる——気の入れようにもよるが。

　子どもには「遊ばれる玩具」は買ってやらないで、「肥後守」一丁で何でもつくらせる。「男子厨房に入る」のお父さんなら子どもに芋を剥かせたらいい。座り流しを設けて洗い物をさせたらいい。

　消費者が生活者に立ち戻るメリットは大きい。消費者のキッチンは乱れがちだが、主夫またはシェフを気取る向きの台所は、自慢の包丁を大出刃、小出刃から柳刃包丁まで刀掛けのような包丁掛けに掛け並べたりして、整然としている。

　生活者が消費社会の消費者になりきっているかぎり、生活の場は乱れ乱れてゴタゴタが治らないのである。

●一器一用単能道具の象徴——エスカルゴ挟み
西欧の一器一用単能道具の象徴的な例はエスカルゴ挟みとエスカルゴ焼き皿（個数分のくぼみがある）。エスカルゴ挟みを何かほかの用に使えないか——私は考えあぐねている。（撮影／筆者）

3 西欧では片づいている

——ゴタゴタ病は日本に特有な近代病

ゴタゴタ病は近代病なのだ、といった。その近代文明の発祥地は西欧である。西欧が近代消費社会に突入したのは日本より一〇〇年早い。しかも日本のゴタゴタ病の原因のひとつになっている一器一用単能道具発想の強い西欧だから日本よりゴタつきがひどい、と思いがち。ところが西欧のお宅に踏み込んでみると、どの家もキチ〜ンと片づいている。ちゃんとしたインテリア演出がなされている。

前項では、近代の産業資本主義社会がゴタゴタ病の病原菌をばらまいたと断定した。親切深情け企業の浅はかな（間違った）親切心がアダとなって、いらんもんをどんどん生活の場に送り込んでくる、それは消費の終わったゴミであり、そのゴミを使って我々消費者の消費生活が始まるのだといったが、「日本では」ということをいい忘れてしまった。

近代性ゴタゴタ病は「日本特有な」という地域文化特性に触れるべきだった。

●玄関もキッチンも片づいている

西欧でも私は予告なしの飛び込み調査をしてきた。ピンポ〜ンとかコンコンコンと玄関に入って、靴の踏み場がない乱れようということはナイ。あ、例が悪いナ。靴は脱がないのだから。でも傘は——一人あたり五〜一〇本が乱れ合っているという絶景にお目にかかることはなかった。

飾り物はガラス戸付きの飾り棚に収まっていて、それに目をとめると、これはナポレオン時代のものだ、などとお宝自慢が始まるものだが、それは博物館でいえば陳列ケースと同様に、一品が一品として鑑賞できるように位置が定まっている。

西欧には床の間はないのか。しいていえば暖炉の前面の額縁の上が、幅一〇センチぐらいの棚になっている。そこには家族の写真、

●フランス・葡萄農家の台所——西欧台所調査の途上に見つけた一軒の葡萄農家。お留守なので見渡すと遠い畑で家族が働いていた。そこまで行って話すと、「勝手に入って見ていっていいよ」——奥右の台上がちょっとゴタついているので見れば、チーズ製造のプロセスの途中。これはまあ、作業途中だから仕方ないとして、奥さんも野良に出て働いているのに、この片づきようは何なんだろう。不意打ち踏み込み調査なのに。左は薪ストーブ、その右はガス・電気レンジ、右端には電気冷蔵庫もあるからモダンキッチン。なのに日本でいえばショールーム状態。何が違うのか。（撮影／筆者）

亡くなった祖父母の写真の小さな額が置いてあるぐらいで、凄絶な「思い出の博物館」状態にはなってナイ――ちゃんと床の間状態を保っている。

キッチンは日本の近代台所がモデルとしてきたものの元の形なのだが、非常に簡単なつくりで、しかも飛び込みでもきちんと片づいていないということはない。そのたたずまいはもう、日本ではキッチンショールーム以外には見られないほどに片づいている。

西欧の婦人は（日本の婦人と比較するわけではないとお断りしておくが）、こまめな働き者である。腕力もある肝っ玉母さんが平均像といってよい。そして、インテリアは主婦の責任担当であり、壁紙の張り替えなども自分でやる。欧米にインテリア・スクールがけっこうあるが、これはインテリア担当の家庭の主婦のためのスクールである。

働き者の主婦の働きぶりは、鍋（厚手の銅の打出し鍋）を磨くのに午前中いっぱいかかるという愚痴でもよくわかる。キッチンには手鍋がピカピカ光りながら大きさの順に下げてある、という具合の片づきかたなのである。

どうして西欧では近代ゴタゴタ病が発病しなかったのか。

◉要るモノは要る、要らないモノは要らない

西欧婦人・肝っ玉母さんは頑固である――価値判断の基準を自分なりにキチンともっていて、自分の役割を采配している。家庭電化製品のどれを買い、どれは買わないかもはっきり見定めている（傾向が強い）。その例を挙げてみよう。

日本の発明品で一時期国際的にも人気を呼んで世界に輸出された製品がある。それは昭和三〇年代初頭に研究開発された手回し式の（電動ではない）洗濯機。圧力式洗浄原理という新しい洗浄方式で国際特許をとった革新的なものだった。直径三〇センチほどの球形のもの（円筒の枕状のものもつくられたが球形のものが主流になった）。

当時、日本は家庭電化製品急成長のさなか。そんなとき手回しはダサイということもあって、スイッチポンの電気洗濯機に押されて昭和三〇年代後半には敗退してしまった。しかし、今振り返ってみると、電気を食わず、二〇秒ほど回転させればよく、洗剤の効きも

●手廻し洗濯機カモメ号――日本ではスイッチポンの電気洗濯機の前に敗退し「泡沫アイデア商品」としての末路を辿ったカモメ号は、フランスの肝っ玉母さんの信頼に生きのびていた。新製品が「出たら買う」、買えなかったら「将来買いたい」――この日本近代、ことに戦後の物狂いはゴタゴタ病の一因と見るべきだろう。（撮影／筆者）

よく、水量も少なくてすむので非常にエコロジーな未来商品といってよい。

そのすぐれた性能と機能の合理性を西欧の肝っ玉母さんの多くが納得して買い込んだのである。一九六〇年代初頭に製造中止となり、日本ではあえなく消えていった泡沫商品だったが、西欧の肝っ玉母さんは使い続けていた。

一九九〇年代末、ある日本人婦人がフランスの街角でその肝っ玉母さんの一人に呼び止められた。日本製のこの手回し式洗濯機、圧力のかかる蓋のゴムパッキングが劣化してボロボロになってしまったので、日本へ帰ったら、メーカーにゴムパッキングを送ってくれるようにいってほしいのよ、と頼まれたという。

日本のメーカーが四〇年も前の製品の部品を持っているなどとは日本では誰も信じていないのだが、西欧婦人は「メーカーたるもの部品を持っていない筈はない」と信じきっていて、日本人の通りかかるのを待っていた、というのがまずスゴイ。西欧の近代工業はそういう根性でやっているのである。そして、肝っ玉母さんはこうつけ加えた。

「わたしゃ、これが正しい洗濯機だと評価しているのよ。電気の、あんなにジャブジャブ水を使うのは洗剤の無駄よ。わたしはもうこれしか使う気はないのよ」。

これを裏づけるような日本と西欧のマーケット比較調査があった。一九八〇年代末頃の調査だったと思うが、当時売出し中の家電製品を列挙して、「持っている」「近い将来入手したい」「使うつもりはない」に丸をつけさせたデータである。日本ではその製品を持っていない人はほとんどが「近い将来入手したい」に丸。西欧では持っていない人は今後も使うつもりはない（将来も入手しない）に丸。この違いがもっとも顕著にあらわれていたのはコードレス・アイロンで、日本では持っていない人はみな欲しがっており、西欧では「使うつもりはない」と断言しているのであった。親切企業の繰り出すモノについて自分の判断をしっかり持ってかかれば、ゴタゴタ病に罹病しなくてすむのではないか。

◉パリの蚤の市。上蚤、中蚤、下蚤
——物持ち族の残映

西欧を旅する愉しみのひとつに、蚤の市め

●パリのアンチック荒物屋——たまたま宿をとったモンマルトルの下町ホテルから出たところにあった荒物屋。古物もあるので看板を見直すとアンチックとある。ここでは日用品雑貨（荒物）に現在的日用品と骨董アンチックとの切れ目が、どうもないようだ。日本の現代荒物屋は薄鉄スチール製品が少々に、あとはオールプラスチックの駄品の集積。日本では実用品（実生活日用品）は短命化し、人間だけが長寿高齢化。そのギャップがフランスの蚤の市、アンチックショップ・荒物雑貨屋を歩いていて、あらためて感じられた。（撮影／筆者）

ぐりがある。ガラクタには違いないのだが、日本のガラクタ市・古道具市は出されているものが西欧のそれに比べると見劣りする——実感である。

パリの城内最北端クリニャンクールの蚤の市は（近年少々充実感が薄れているのが残念だが）、上蚤、中蚤、下蚤と大分けされている。

上蚤は博物館、美術館の展示品に相当する美術工芸品で、値段のケタが日本円でいえば一〇万円以上何百万円クラスのものも多い。上蚤にはベルエポック時代、アールヌーボー時代の製品も豊富に見られ、エミール・ガレの花のガラス器もホンモノが列をなして売られている。そういう絶品がゾロゾロと出ているのは上流マンションの物持ちたちのコレクションがガラスケースから出されたものである。

中蚤はまあ一万円位からの物が多く、いわゆる骨董の中級品が主力だが、工芸職人たちの工具類（まだ活き活きとしており、腕さえあれば使える）や一九三〇年代までのインダストリアル・オブジェと高く価値づけられている工業製品も多く、近代道具史をテーマにしている私には逸品の宝庫といってよい。

私はここでたいへんな掘出し物を！　わが研究所のトレードマークになる至宝を手に入れたことがあった。初期のタイプライターである。レミントンなどのハンマー式打字方式に先立つ円柱式打字機（一八七三年製）である。一二〇フランとバカ値というより間違いの逸品。入手してすぐパリ二区のアール・エ・メチエ工芸技術博物館に確かめに行ったら、そこに並んでいた同型のものより私の入手したもののほうが五年ほど早かった（「勝った！」）。

西欧の蚤の市の品々の品格を見ていると、ヨーロッパ近代のモノたちは決して単なるガラクタ・安物ではなかったことを見直させられる。それと西欧人の物持ちのよさである。物持ちがよければ、生活景観はおのずから秩序を保ち、モノたちがそれぞれ活きていられる。これは物持ちの未来像でもありうるのではないか、と私は思っている。

物も齢《よわい》を重ねると心が生まれるような気がする。使い捨てる物には心なんてなさそうだが、物の心と人の心が通じ合っていれば、物に囲まれた生活空間の景観は乱れあうことはないのではないか。

4 物持ちの持ち物学
——家財道具、そして形見

やりとりの双方の事情によって桁違いに値が変動する。しかしその世界での暗黙の評価額は厳として揺るがないものがある。蔵の中には駄品、値打ちのないものも混じっている。まさに玉石混交の宝の山である。

◉意地悪な父の遺言

さて、その遺産相続だが、仮に五人の子たちが成人していたとしよう。父は遺産分与の方法について遺言を残していた。遺言は子たちを見事に平等に扱うことに徹した方法を示していた。父の遺言はいう。子らよ、まず蔵の前に並びなさい。並ぶ順序は長子も末子《ばっし》もない。くじ引きで順番を決めなさい。その順に一人ずつ蔵に入って欲しい物を一品だけ選んで名札をつけて出てきなさい。次の一人が入って別の一品を選ぶ。これをくり返して蔵のなかのもの全品を分けなさい。

父とは袂を分かって別世界に遊んでいた子は、美術骨董の鑑識力はゼロで何でも大きくてピカピカしているもの——唐木の箪笥の類を選んだ。その箪笥は一〇〇万円もしないもので、その上に乗せてあった茶器が

ある大金持ちが逝った。一代で築いた大きな財産を残して。その財産はお宝（美術骨董）に注ぎ込まれていた。故人（以下「父」）はもともと古美術に深い知識と見識、鑑別力を身に備えていたから、同趣の人々の喉から手が出るほど欲しい逸品を、鋭く見分けて買い漁《あさ》った。資産形成の面からみればにわか成金だったが、成金趣味とはいわれるべくもない高雅な趣味人であった。

父の財産はあらかた土蔵の中に詰まっている。国宝、重要文化財はさすがにないが、その次点候補（国宝なら国宝選定の際、候補に並んだもの）がずいぶんと含まれている。ただし、美術骨董の類は値があってなきがごとくで、

一〇〇〇万の桁でも動くかという天下の絶品だったのに。こうして、父の生涯とは別の道を歩んできた子は（客観的にみれば）大損をしたのだが、けっこう立派な財貨を手に入れたつもりで、ホクホクとご満悦だった。これはこれで幸せといえば幸せではある。

そして実質的な意味での値打ちものを見抜き、選び抜いて相続した額面（金額）の上で父の遺産の大半を手にしたのは三女のP子さんだった。もっとも父を慕い、父について歩き、父の喜びと哀しみを共にし、父の物選びの見識を身につけていった三女だったからである。

父にしてみれば、一代で財産を築くには苦労もあり、楽しみもあっただろう。その生涯をかけた苦楽を結晶させたのが美術骨董の逸品、絶品の山だった。父が生涯を託した歓びの結晶は、その価値がわかる子、そして父の心を動かした力が何であったかをうけ継げる子に託したい。父は自分の苦楽の生涯にぴったりよりそって、深く理解してくれている子にすべてを譲渡したかった。そこで考えついたのが「一人一品、順番に」という仕組み。じつに意地悪の骨頂といっていい遺言である。父は、子らにまったく平等なチャンスを与えながら、まんまと、あらかたを譲りたかった三女に掴《つか》み取らせたのであった。

これは少々極端な事例だが、父母が選びとった物たちを環境として子らは育っていく。そして、父母のつくりあげた家の文化が子に継承され、孫にも伝えられていく。これとそれとどっちにする？　その迷いと決断の集積に、家の文化、家風というものがたちあらわれてくる。家を起こして三代の生活が重なれば、家風が生まれる。一代こっきりではそこまでは効いてこないだろう。

◉形見になる物、ならない物

父や母の逝ったとき、身の回りの物から各々の所属品の形見分け（財産分与の意味も含む）が行われた。父の形見は、その昔、（ウォルサムの）懐中時計だったり、（コダックの）写真機だったり。洋服は形見にはなりにくかった。*6 母の形見は装身具（鼈甲《べっこう》の櫛、簪《かんざし》）などもあったが、何といっても和服の振り袖から訪問着、礼服などで、値が張ったし、各家で必需のものでもあったから、母の形見分けは和

＊6　洋服はまず体形が合わなければ着られないし、流行・時代性もある。和服（呉服）は寸法が調節できるので引き継げる。流行より品位と品質が決め手。

気あいあいのうちになされながらも内実はすさまじい闘争であったようである。

今では形見争いはなくなったようだ。父母の生きざまを映した物（形見）になれるものがなくなっているからである。ウォルサムの銀時計は形見になりえたが、スウォッチなどのクォーツは形見にはならない。デジカメもいまや旬《しゅん》の物だし。形見といえる「価値ある物」の時代は去った。何？ 家にもよる？ あ、私の家では、そして私の親戚間ではもらっても迷惑な物しかない。

こうしてみると、現代の持ち物は一〇〇年前には家財道具といった家「財」の消滅ないし価値の下落という一大変容をとげていることに気づく。家の——家庭生活における「持ち物」とは何なのか。そしてそれがどう変わったのかを問いなおす「持ち物学」を確立することが、「収納を考える」ための条件なのではないか。だって、仕舞っておいて意味あるものでなければ、場所ふさぎの空間を苦心して用意する必要はないじゃないか。

金持ちにはお金の学がある（のだろう）。物持ちとは物持ち学が——ある人をいう。ただし、かなりの物をだめな物といっしょに持っている物持ち亜種もいる。先の父とは違って、こちらは金があるのに物への見識がない。そこで骨董屋を呼んで、値打ちモンを持ってこい方式になる。そこが贋物のマーケットになる。贋物にも本物の贋物と駄目な贋物とがある。本物の——技量がすぐれている名手の「作品」といってよい贋物はやはり相当に評価額は高い。まったくの駄品を本物の贋物といって掴ませる商いが大正時代には横行した（今のことはいわないことにする）。

◉蔵破りの記

収納といえば土蔵が思い浮かぶ。私はつねづね土蔵の中に入って、何がどうあるのか、見てみたいなァ、と思っている。私はよその家の蔵に入り込むのを「土蔵破り」と称している。いくつかの土蔵破りをやってきたが、ここでは京の町家の土蔵破りで垣間見ることのできた「物持ちの持ち物学」を紹介しよう。

今も時々人が入っている、いわば細々だが今に活きている土蔵の中には、かなり雑多にいろんなものが所狭しと持ち込んである。だが、ここに紹介する例は違った。整然としてすべての物が見分けられ、取り出せるように並んでいる。ここが肝腎のところだが、この土蔵は一〇〇年前には入口の一部だけしか人が入らなくなって、その奥は眠りについたまま一〇〇年前の姿をとどめていた。すなわち土蔵の中は一〇〇年前の秩序あるモノ文化のかたちをとどめていたのであった。

入口の一部だけ人が入りつづけていたのは、ひとつの用事が残っていたためである。京の都の冬は意地悪なほど寒く、夏は生きているのが厭になるほど暑い。そこで考え出されたのは季節の変わり目に冬座敷を夏座敷にすっかり模様替え（インテリア・エクスチェンジ）する、京ことばで「建替え」だけが、一〇〇年前のライフ・スタイルの中で現在に継承されてきたのであった。そこで建替えを行うための建替え[*7]用品の出し入れのためだけに、春と秋に人が出入りするのであった。

その土蔵の中には春夏秋冬それぞれ季節向きの調度品や正月、年中行事に必要な道具立て、季節ごとの親戚づきあいのための用具セット、そして冠婚葬祭に用いるものなどがあった。本家で春に草餅を搗《つ》いて親戚に配る、そのための贈答容器、あるいは秋口に自家で調製した保存加工食品、身欠き鰊《にしん》の煮染めたのを配るための鉢「鰊鉢」がある。正月や花見のための蒔絵の重箱、花見弁当十六人組、膳椀四〇人前揃、などなど。

こうした道具は必ず「人様」（ひとさま＝他人様の生活水準（資材力）や文化水準、ご当主の人となり、見識から趣味趣向まで）の格がひと目に見抜かれる。そうした「お道具」類が品格のおちるものであっては子や孫がそれを用いることに誇りをもってくれない。ひいては先代、先々代が面目を失することになる。そこで「家の顔」でもある「住まいの道具立て」の発注は財力の許す限り上等なものを、しかるべき職人につくらせた。そこで、納入されたときには保存用の箱に、年月日と当主（発注者）の名を墨書した。孫子の代まで、「この品質のものを発注した」のは誰か、という証明を付して発注責任を明示したのである。

この「京の土蔵」でその日付を見ていくと、この家を興した（本家から独立して一家を構えた）当主のサインから三代目が老境に達するまでの日付のものが並んでいた。ひとつの「家」が近隣から知己親戚に至る範囲の「おつきあい」を家格をおとしめずにれっきとした一

＊7　障子、襖、衝立（ついたて）は紙張り、布貼りをすべて風を通す簀戸に替える。畳の上には籐や竹皮の網代編みの敷物を敷き込む。肌に涼しい。軒には簾を廻す。座蒲団からスリッパまで夏は麻布のものに、灰皿は焼き物からクリスタルのカット物に、などなど——とても蔵がなければ納めきれない（次頁写真参照）。

●建替え――京の都は西陣の、とあるお宅で冬座敷（左写真）から夏座敷（上写真）への建替えをまだ五月中旬であったが、やって見せていただいた。障子・欄間を和紙貼りから簀戸に替えたとたんに涼しげな夏が来た。（撮影／筆者）

家としてやっていく、演じていくには、「家としての道具立て」としてそれ相応の品位の道具をたくさんの品種（鰊鉢から花見弁当まで）にわたって揃えなければならない。その道具立てを完璧に充当するのに、この家では三代かかったというわけである。

◉物持ちの、持ち物の資格

収納されるモノ＝家の道具立てと、それを仕舞う住まい（屋敷）の維持の、これが時間システムということになる。一〇〇年前に土蔵が入口付近を除いてシャットアウトされ、タイムカプセル化して、最近一〇〇年ぶりに私の目に触れることになったのは、日本人のライフスタイル（生活様式）が激変して、一〇〇年以前の生活様式を支えるために三代がかりで揃えた「道具立て」がものの役に立たなくなったためであった。

それまでは土蔵（の中の道具立て）が母屋の生活文化（とその文化景観）を支え続けていたのであった。「鰊をそんな容れ物で持っていったら笑われる」――笑われるのを恥とする、恥の文化が道具の品質を高く高く保ち続ける持ち物の学を育んだのであった。

私たちの持つべき持ち物学のキーワードはもはや「恥」ではあるまい。では何だろうか。時流にのったようないい方になるが、私はやはりエコロジーではないかと思う。地球にやさしいものづくりは永持ちもする。現代のプラスチック製品は本質的に劣化が早くて、たいてい一〇〇年は保たない。[*8] だが漆器なら正倉院御物を新作の漆工芸展に出品しても肩を並べて居られるぐらい永持ちする。

土蔵は空間システムであり、道具の品位は時間システムの一脈絡をもなしているのである。物持ち（保存するに足る品位の物を持つ人）の持ち物学はこの辺りから問いなおされていかねばなるまい。

◉蔵の中で暮らす

日本では燃えやすい木の家に日常を送っているので、三代がかりで費用を注ぎ込んだ家財道具が一挙に焼失してしまっては困る。そこでまっとうな「家」では家財収納庫を耐火建築でつくった。土蔵である。日本の住まいでは冠婚葬祭などの場合にはそれなりの道

＊8　このことについては第4章4「崩壊する文明――開けたらぱっと白けむり」一四四頁参照

具立てがたくさん必要だった（座蒲団や食膳は四〇人前セット、手火鉢は二人にひとつで二〇個といったふうに）。これを普段のときに出しておくわけにはいかないので土蔵に。

また日本では四季の変化に応じて道具立てが変わる。同種の道具でも季節に合った材質や絵柄のものを用いなければならない。これも季節によって土蔵から出し入れした。居住空間はいわば季節や行事の演出の舞台であり、その時々に用いる物が土蔵から出されている。これならひとたび火事に遭って住まいが全焼しても、値の張る物は持ち出せた。あとは耐火建築・土蔵の中にあって無事である。この家財収蔵庫である土蔵は、焼失覚悟（いつか燃えてなくなることが予想されている）の生活空間と、おおざっぱにいえば同じくらいの床面積があった。

これが四季の移り変わりと行事たくさんの「日本の家」のまっとうなかたちであった。地方の城下町もそういう出来にいなっていたし、京の町家でも土蔵をもたない家は「家」（ある格式をもった住まい）とはいえなかった。

この、住まいと土蔵（家財収納庫）のセットとしての「家」のあり方が、近代になって人

●箱別収納――蔵の中は生活を演ずる舞台を演出するための大道具・小道具を収蔵する楽屋裏だった。今の生活は楽屋の中を舞台に演技をしようと無理している。写真に見るように昔からの蔵の中は乱れていない。行事や生活行動に必要な道具がセットになって、それぞれ箱にパックされている。右は福島県保原町の座敷蔵、左は三重県上野市清雅堂の蔵の中。（撮影／ミュー編集事務所、森田一）

口の急増と都市集中によって崩れていく。居住空間と同じくらいの床面積をもった物置き場にあったものが、押入に納まるわけがなく、居住空間にはみ出してくる。居住空間に対して同面積の物置き場がなくなったのだから、いってみれば土蔵の中に住むのと同じことになったのである。

蔵は「楽屋」で居住空間は楽屋から小道具を出してきて生活を演ずる「舞台」なのであった。それが楽屋（蔵・物置）の中で生活を演ずることになったのである。日本の近代住居における物溢れの異常状況の背景には、こうしたことがあったのである。近代以前の欧米の住居は、屋根裏（アチック）や地下収蔵庫を持つ家もあったが、基本的には土蔵とセットといえるほどのものではなかった。日本の近代、現代の住まいが物溢れに悩むこと、世界にも珍しい状態の背景には、こんな住む構えの変転があった。

◉蔵を支えたもの
――ライフスタイルの恒常性

先述の京の町家の蔵は一〇〇年前まで活き

ていた、といった。だから中の物は見つけやすく、出しやすく、位置も決まっていた。乱れていなかった。その意味では「お蔵入り」という言葉は一〇〇年以前の蔵にはあてはまらない状況である。私が蔵破りをやった京の町家のお蔵は一〇〇年前からタイムカプセル化した。「お蔵入り」の語が合うようになっていた。

蔵といっても有限のスペースである。がらくたを目茶苦茶に放り込めば探せなくなり、第一に入れなくなる。有限な蔵空間を活かしていたものは何か。生活様式、ライフスタイル、生活の折目節目における生活演出の道具立て――人・物システムが蔵に支えられていたから出し入れのできる仕舞い空間として蔵は活きていたのである。

さて、ゴタゴタ病の根本的病因がここにひとつ見えてくる。京の町家の蔵は「家」の道具立て――お道具揃えに三代の財力を使っていた。そして当代もふくめて、代々が高品位の道具を使い回して生活を演出していた。今、一〇〇年家具などといわれているが、現実には現代生活の道具立ては一代で集められる。いや一代どころか昭和三〇年代（一九五五〜一九六四）の前半には一〇年がかり、後半では五年ほどで、分割払いを援用すれば揃えられたが、今どきは新婚一年で基本家電製品などは揃えられる。ただし耐用年数が七年であるから一生のうちには少なくとも五回は総入れ替えする勘定になろう。まさに無限買い替え市場の成立が高度消費産業社会を支えているのである。

昔は生活様式が美の基準（品質、品位、模様の様式まで）には選択の余地はあったが枠が決まっていたし、使い方は時と場と場合(Time,Place,Occation=T.P.O)によってかなり厳密に規定されていたので、必要なものの想定が立てられ、高額な出費も覚悟できた。そのうえで趣味・趣向も表現できた。そのうちの個人に所属するものも、高品位に保たれて形見となりえたのであった。

結論めいたことをいうには頁の数字《ノンブル》がちょっと若すぎるが、生活様式、ライフスタイルの再編成と、ある程度の恒常性の恢復が生活演出の道具立ての高品質化と永持ち化を具現し、生活における物の秩序化、コントロールの可能性をもたらし、ゴタゴタ病の病苦が軽減されていく効能となっていくだろう。

第2章

仕舞う物と仕舞われる物

――収納の類型学

1 収納スツール
――お尻の下の宇宙

◉お尻の下の不思議な空間

椅子に座る、スツールに腰掛ける。そのお尻の下は不思議な空間。身は宙に浮いている、その下の空間はしばしば忘却の彼方。それが広大無辺の宇宙のはじまるところ。そんな気のする忘れられやすい宇宙空間にモノを仕舞えば、仕舞ったモノは意識のうちから消去されて、無くなったも同じ。でも、フッと気がつけば姿を現す。ちょっと手品っぽい椅子下収納。その、お尻の下の不思議な宇宙を実体のある空間に仕立てたのが仕舞えるスツール。座面の下の空間を収納スペースに、という発想は未来にも挑戦が続くだろうが、洋の東西を問わず、古くからの発想でもある。

日本では円筒形スツールに真空掃除機を納める工夫が一時期あった。長いホースやTの字吸口など始末の悪い立体の複合体だから、これを円筒にコンパクトに納めたのは、お見事といってよいのに、なぜ永く使われずに見放されてしまったのか。ひとつにはちょっと使ったりしたとき、仕舞うのがタイヘン、ということもあった。そのちょい使いとリズムが合わなかったのだ。これが、現代日本の、道具はみんな出しっぱなし、に通じていく。

もうひとつ、道具の身になってみると狭いところにきっちり納められると息苦しい。その息苦しさが身につまされる、それほど日本人は道具の気持ちになりきる人たちなのだ。

◉大陸中国の床屋椅子

写真は中国の床屋椅子で、清代末の物。剃《てい》頭《とう》と呼ばれた街頭床屋が天秤棒に吊して運んだ。もう一方には金盥《かなだらい》の湯を沸かす炭火の焜《こん》炉《ろ》を仕込んだ架台を吊した。吊り紐がズレないよう座板にちょっと刻みが彫ってある。この尻突きスツール（小板凳＝シャオバンデン）は

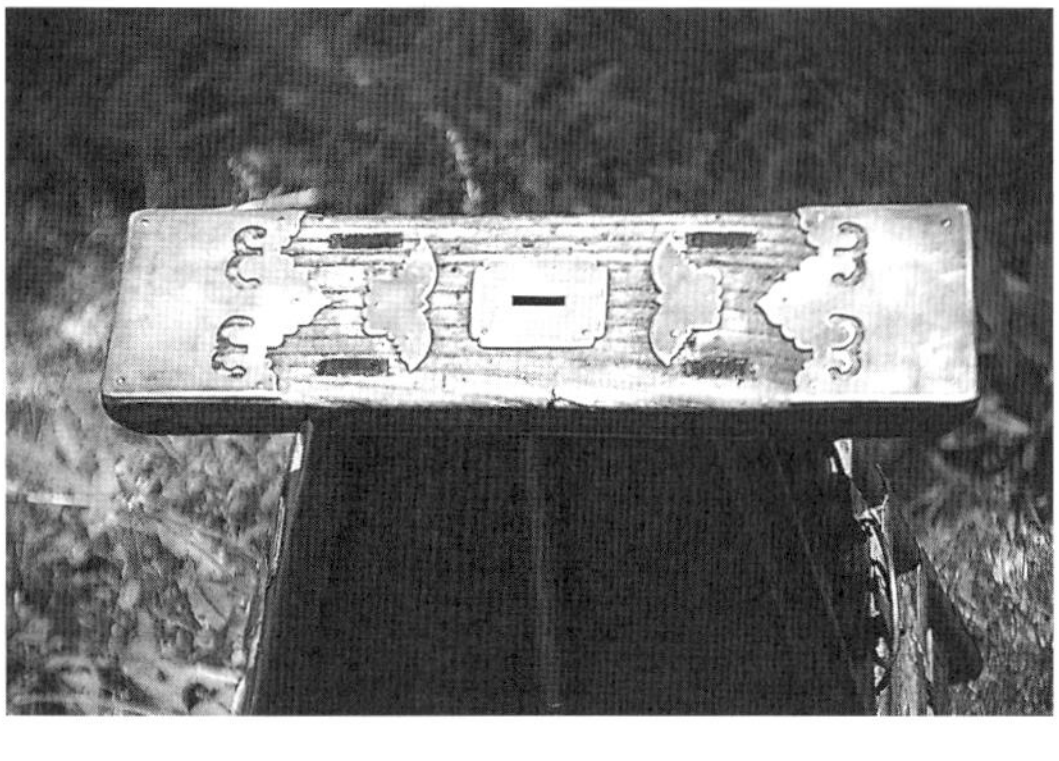

●お尻の下の変な孔――掛布をつけて座るときには気づかなかった孔。理髪が終わって立ち上がるとき忽然と明示される。銭は天下の廻り者、宇宙の果てまで飛んでいけ。この床屋椅子は清朝末期のモデル。一九九五年頃、上海豫園の地下骨董街で入手。勿論すでに骨董街は贋物市場と同義であったが、贋物にも上手（じょうて）と下手（げて）があって、それなりの（アンチック）市場相場を形成していた。本品もかなり手練れの作品だろう。

●中国・街頭床屋のスツール——丸棒の四方転びは寸法出しがなかなか難しい。四方転びは大工にも指物師にもベーシックな技術だったので、日本では四方転びの「踏み台」が一人前の職人としての認承を得る卒業制作の「課題」であった。ただしこの卒業制作、日本では台部に孔をひとつ削るのが課題だったが、中国では四方転び引出し付き。これは難しい。（所蔵／道具学会、撮影／筆者）

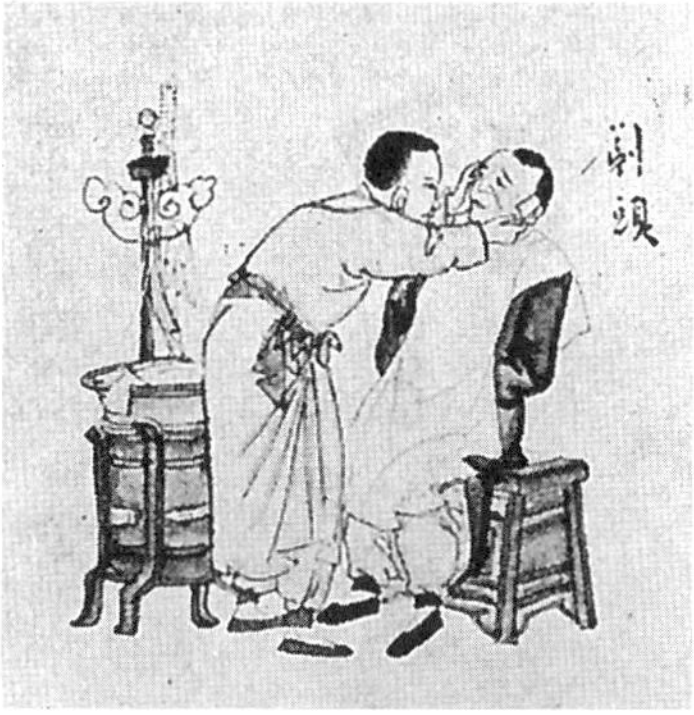

＊1 左は焜炉台に金盥、布巾掛け。右が街頭理髪の客用腰掛けスツール。（『北京風俗図譜』所載、一九二四年採録、平凡社・東洋文庫）

筆者が上海豫園《よえん》の骨董屋で掘り出した逸品だが、北京での使いぶりが絵に残されている。*1 この尻突きスツールの引出しは、客の足が邪魔にならない側面に。路端で店を広げる商売では鋳掛屋《いかけや》（鍋なおし）、刃物研ぎ、陶磁器の焼継ぎなども箱に道具や材料を入れて両天秤で運んでいたが、客を座らせる必要はないので、ただ長方形の道具箱だが、床屋のは安定をよくするため、四方に脚の張り出した四方転びの長四角錐台形になっている。

●床屋銭の行方は……

お尻の下の引出しの中には剃刀《かみそり》や砥石、サイカチの実を搗《つ》いた汁（のちの石鹸）、大型の毛抜き（これを弾き鳴らして客を呼ぶ楽器に用いた）などを入れていた。

さて、スツールの上で剃頭（理髪）のドラマの一幕、幕がおりると客は掛布を取りながら立ち上がる。と、座板の真ん中にあけた孔が立ち現れる。客は座るときには、孔にはちょっと気づかず、理髪の最中には思いの離れていた金銭を、座面の孔が請求する。

銭を投入すれば、二度と帰らぬ今生《こんじょう》の別れ。客にとっては、噫《ああ》、お尻の下は無限の彼方へひと続きの宇宙も同然だった。

●日本では引出しはなし

この携帯床屋椅子の形、日本で見た覚えが。そう、踏み台。お灯明をあげたり、柱時計のネジを巻いたり。足元をしっかり支える四方転びだったが、引出し付きはなかったなァ。正面に丸い穴、あるいは扇形などの穴がひとつ。そこには糸屑なら糸屑ばっかり、紐なら紐、端布《はぎれ》なら端布だけと決めて放りこんだ。糸なり紐なりを掴み出せば、必要な太さ、長さ、色合いのものがみつかる。日本人は引出し使いが、根っから不得手な性格の人たちらしい。日本人は大陸文化からいろんなもんを教えられたが、すべてを受け入れたわけではない。引出しは受け入れにくかったようだ。

引出し付きといえば箪笥《たんす》。これも中国から教えられ、格式ある家具として受け入れはしたが、使いこなしはどうも下手で、たいていは土蔵に仕舞い込んだきりにしてきた。引出し分類収納より穴からポイポイ未分類収納のほうが肌に合う日本人なのであったか。

●踏み台――日本の旧家には必ず一脚。四方転びに穴ひとつの定形は、大工丁稚がはじめて野丁場（工事現場）に出て、竣工間際に腕を試された初仕事。それだけに気が入っている。いわば丁稚上がりの決め手となる卒業制作で、新築の家への置土産にされた。詳しくは山口昌伴著『和風探索――にっぽん道具考』（筑摩書房）参照。（所在／川越・田口家、撮影／本郷秀樹）

2 薬箪笥：百味箪笥

――医の哲学と収納具のデザイン

◉薬箪笥とシステムキッチン

薬箪笥――百味箪笥ともいう――引出し分類収納の結晶といってよい。これは大陸・中国の文化であり、中国人（その主力は漢族）のものの考え方、デジタルな思考方法が薬箪笥に結晶している。アナログ思考のほうは、漢字の元になっている象形文字に代表される。象形文字を組み合わせた会意文字はデジタル表示であり、現代の簡字体はそれをもっとデジタル化している。漢族はアナログをベースにデジタルで勝負するところがある。漢方医は診断まではアナログ、処方箋のレベルはデジタルなのである。

くらべて日本人はかなり純粋にアナログ思考。それだけにデジタル思考のハードウェア、引出し付きの収納具に憧れる。その憧れが、引出したくさんの箪笥というものを婚礼家具の象徴にまで押し上げた動因であったし、引出したくさんのほうが立派とされるシステムキッチンへの憧れの要因ともなっている。

◉往診用の生薬《しょうやく》を用意

下の写真は江戸時代後期の医家がそなえたもの。薬効ある動植物を乾燥させたり、適宜の大きさに切り揃えたものが生薬。生薬を取り合わせ配合したものが薬剤。その配合のしかたを処方という。漢方医術は、その処方の按配の妙にかかっている。

医家は患者の様子を看取して生薬百味（百種＝たくさん）を混ぜ合わせる。最下部の大きな引出しには敷紙や薬の包み紙、調合用の盃、鋏、匙、秤、処方記入用紙＝処方箋と筆記具（小さな硯、墨、水滴、小筆）などを納める。

百味箪笥には、薬種屋（生薬卸し商）では壁一面を引出しにしたものがあり、医家が居宅に据え置くものにも幅一間（約一・八メートル）

●薬箪笥――分類収納具「箪笥」の結晶といってよい。中国では分類コード（規約）は陰陽五行など縦横に分類されきっており、記銘は彫り込むなど、流動（他の所に配置する）の余地はない。それが日本に来ると、縦方向の枠を略したり、記銘を臨機応変に替えられるラベル貼りにしたり。（撮影／ミュー編集事務所、林昌秀）

に引出しぎっしりの大型のものがあるが、往診用では六列七段程度のものが多かった。生薬の数を減らすには、ある程度処方をした薬剤を用意した。江戸後期には特定の症状に対応する薬剤も市販されており、近代、洋医の時代になると、医家も生薬より薬剤を携行するようになり、往診用薬品は鞄に詰められた。そうした傾向からみると、このよく使い込まれた百味箪笥は、生薬にこだわった医家が、おざなりではなく、患者の容態に合わせて微妙な按配を心掛けた様子が彷彿としてくる。

◉分類と序列の論理

漢方医術の本家中国や、漢方を墨守した李氏朝鮮の百味箪笥には引出しごとに生薬名が漆で書かれ、あるいは彫り込まれていた。

仕舞う――のは取り出すため、繰り出すためであって、どこに何を仕舞ったかがすぐにわかること、見つけ出せることが必須である。ハードウェアとしての収納の仕掛けを支えるソフトウェアが必要なのである。

漢方は病因をなくすことが上位の目的で、生薬の分類は素材の種別を超えて効能の分類と組合せのデジタルな論理に従っている。陽・陰（日・月）と五行（木・火・土・金・水）、方位（玄武・青龍・朱雀・白虎）、診断に四診（望診・聞診・問診・切診）、薬方に四気（温・熱・涼・寒）、配合に七情あり、といった具合である。洋方（蘭方）は症状の治癒が目的で、病気の種類と薬剤が対応する。漢方を日本型に改変した和方（和漢方）は洋漢の折衷型である。

和方の百味箪笥には引出しごとの漆書や彫り込みの記銘がなく、適宜ラベルを貼って識別し、幾度も貼り替えた跡のあるものが多い。また引出しの間に縦の仕切りがなく、差し替えの自由度（アナログ度）が高い。縦仕切りの有無と、引出しの前板への記銘のしかた、収納具のデザインの違いには、医の哲学、治療の思想、思考の論理性までが表れている。

分類具としての収納具というハードウェアの形に、医のソフトウェアがゆくりなく表されている。収納は分類学と記憶力、そして記憶を助ける表示（ラベリング）によって支えられる。そういった当たり前のことを、ラベルのない、アナログ思考力だけで使い回した日本の――和方の百味箪笥は、つくづく思い知らせてくれるのである。

3 階段箪笥

——便利のシンボル収納具

◉段段段・だんだん・ダン!

箱入りの荷物を段々に積めば天辺《てっぺん》まで昇れる。階段箪笥はそんな発想をそのままモノにしたような収納具——箱階段、箱梯子《はしご》、箱段とも呼ぶ。

階段箪笥は江戸時代にもあったとされるが、箪笥それ自体が江戸時代中期、享保（一七一六〜三六）頃に普及し始めたものだから、階段箪笥にまで発想が及ぶのは江戸も末期だろう。

でも——箪笥の上に踏み上がるなんて、日本ではむしろ禁忌《きんき》されたほうだから、文明開化につれて禁忌の慎みが解かれ、便利が勝って、階段箪笥は便利のシンボル収納具として流行したものと見てよい。

箪笥置き場がとれて階段室が要らない、これは合理だ、文明開化だ——段段段・だんだん・ダン!

◉箪笥と階段、どっちが先か?

下の写真の階段箪笥は宇都宮駅前の商家・旧篠原家住宅（国指定重要文化財）に据え置かれているもののひとつ。明治二八（一八九五）年の新築時に誂《あつら》えたものだから、流行の先端を行った勇姿である。

さて、この階段箪笥の収納家具としての位置づけを使われ方から見直してみよう。建物は間口八間（一間は約一・八メートル）、奥行六間の総二階。階段が三つあって、ひとつは造り付け階段で客用。残るふたつが階段箪笥。写真は店の帳場の奥にある茶の間から二階に上がる家人用。もうひとつは土間の端にある使用人の休憩所から二階への掃除の用などで上がるための階段箪笥。階段箪笥はお客様が昇降する正式のものではない、実用の略式簡易の階段であったことがわかる。

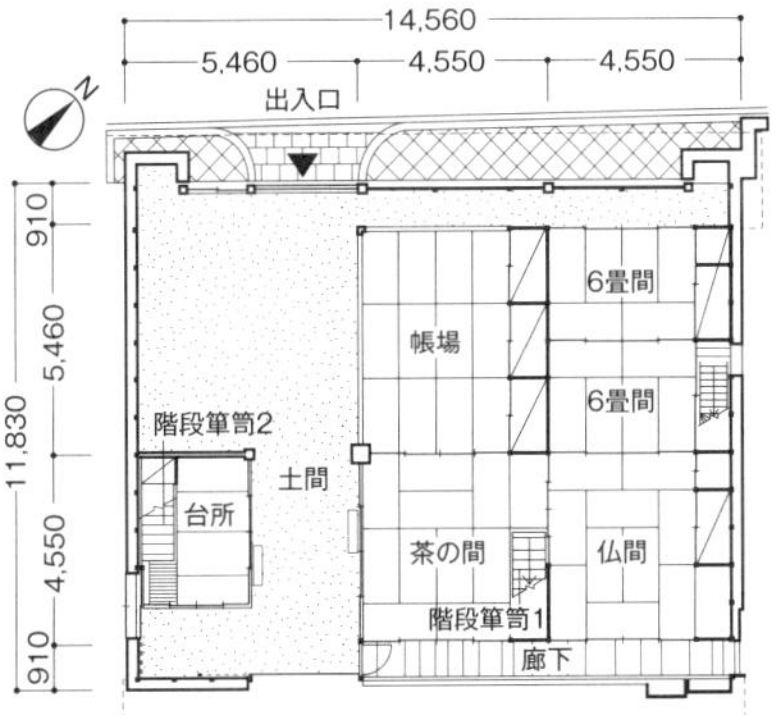

●階段箪笥——「収納便利」のシンボル、階段箪笥。宇都宮・旧篠原家住宅。家屋新築の際に設計に組み込まれていた。平面図には階段が三カ所あり、家人、使用人の昇降用の二つが階段箪笥。（撮影／ミュー編集事務所、林昌秀）

間取りから見ると、階段箪笥の置かれているところは階段がどうしても必要な場所であり、間取りの段階から、ここに階段を、と決めている。だからこれは収納具としての箪笥が先にくる「箪笥階段」ではなく、階段のほうが先の「階段箪笥」という呼称のほうが正しかったのである。

◉さして用のない用箪笥

階段箪笥は衣装用ではなく、日用雑貨の用箪笥。だから茶の間や休息所に置かれるのがふさわしい。では、その中にどんなものを仕舞ったか。

この家で階段箪笥の中味は問えなかったが、他の地の商家で階段箪笥の前に座所を構えていたご主人に、「うしろの箪笥の中には何が?」と訊ねたことがある。

その質問に、ご主人の慌てよう！　最近開けたことがないという。「何を入れたかなァ」とつぶやきながら引出しを開けて——クロームメッキパイプの振り出し棹の日の丸の小旗を「こんなもの、ありました」。

半世紀の昔、太平洋戦争の時、なにかにつけて行列して小旗を振った、それがそのまま残っていた。階段箪笥は収納具のシンボルにすぎなかったのである。

◉収納願望の商品化——脅迫産業の原型

階段箪笥は日本各地で見参するが、ギョッとするほど「おんなじ」様式である。宇都宮とは無縁の地、新潟県村上市の商店街で撮った階段箪笥を見比べると、宇都宮のに見るまん中の大きな欅板の引違い戸が、村上市のはそっくり同じ形で絵入りの襖紙貼りになっているだけの違いしかない。全国的にほとんどワンタイプ（他のタイプもあるにはあるが）が出回っていたのである。

このことは、何を物語っているのか。それは階段箪笥が、近代を迎えた日本人が収納下手であることに気づき、遅れている（非合理である）、と自己反省を強いる力がどこかから働いてきているところにつけこんで、これを買えばその汚名が返上できるぞと脅迫する——収納具産業が一種の脅迫産業を形成していく、その原形となった明治初期の「先端商品」だったのである。

●階段箪笥——右頁は二階の女中部屋に登るための階段箪笥。左は新潟県村上市の商家の一軒にあったもの。いずれもデザインは大同小異。全国的に一つのコンセプトをもとにした「製品」であった。（撮影／北田英治）

4 針箱よりも裁縫筥《さいほうばこ》

——筥に入れても出し並べ収納

裁縫の小道具一式セットを納める「お針箱」は、小まめにはたらく主婦のシンボルのひとつだった。大小の引出しが並び、上部に針山がそびえ立つのが定形。漢方の薬箪笥に代表される大陸・中国からの舶来文化が生み出したもの。引出したくさんの針箱は鏡台と共に嫁入り道具の象徴であり続けた。

◉針箱の中は片づかない

分類収納の不得手な日本人、ことにご婦人たちだけにこれが憧れの商品、片づかないととがめられる脅怖に、これを使えば片づきますよ、の期待をもたせる憧憬商品、私流にいえばこれも脅迫産業のアイテムとして江戸後期には庶民のレベルまで普及した。

どの引出しに何を入れるかは、それぞれの流儀にまかせたものと思われるが、その分類仕分けが不得手な性格ゆえに、引出しの中はいろんな物がごしゃごしゃ同居。探し物が見つからず結局全部あけてしまう始末。

裁縫仕事に切りをつけるとき、四畳半ほどに繰り広げた針仕事で、散らかった小道具や針や糸を次々と定めた引出しに仕舞っていけば、コンパクトにまとまって始末がつくのだが、分類収納のシステムという、ソフトウェアがなければ、パック収納の妙味は活かせられない。

針ばこの中は一生片づかず　柳多留

江戸後期、明和年間に、すでにからかわれている収納の哀景（哀しい風景）である。娘ざかりをすぎた娘、いかず後家になりそうと心配だったのが片づいた（嫁にいった）。だが片づけ先へ持たせた針箱の中は、一生片づかないことだろうな——片づく前の娘の片づけ下手を見ていての確信である。

娘を片づける際に持たせる嫁入り道具・家

●婚礼調度——中流以下の家にも「箪笥幾棹」が婚礼調度の贅沢さの表現になってくるのは、大正時代からのようである。大正五年の婦人雑誌に見る調度品一式には、まだ長持も頑張っている。昭和に近づくと長持は消え、洋服箪笥が加わる。江戸中期以来の針箱と小引出したくさんの洋風鏡台も加わっている。（『婦人画報』大正五年一〇月号）

具調度のシンボルは近代になっても箪笥、長持、鏡台、手鏡、そして針箱であった。江戸川柳にいう一生片づかない針箱、じつは母親が嫁入りの時に持参したものを評して、この母親にしてこの娘あり、持たせてやった針箱の中も一生片づくまい、と詠んだのが真相であろう。

表題に針箱に対して裁縫筥を挙げた。箱と筥に字を使い分けているが、箱は掛け蓋ないし落とし蓋、あるいは引出し付きのはこをいい、筥は身に蓋をかぶせ込むかぶせ蓋のはこを指す字と使い分けた（定形ではないが）。

◉筥に入れても――本職の収納法

じつは私、嫁入り道具のシンボルのひとつ針箱を「一生片づかず」「日本婦人の不得手につけこむ脅迫商品」などと決めつけた手前、もうすこし確証をつかんでおかなくてはと、和裁の本職の裁縫師（男性）を訪ねたことがあった。

和裁の仕事場に入って、第一番に目に入ったのが「裁縫筥」だった。平たい、広い、かぶせ蓋の筥に、すべての小物がずらりと入っていた。

私「あの、引出しのいっぱいついたお針箱はお使いにならんのですか？」

裁縫師「あんなもん、七面倒で使ってられんよ、これならひと目でどこに何がって、ぜんぶわかるでしょ、使うために出し広げたもんをみんなこのはこに戻して蓋すれば何の不便もない」

私「……」

これが日本人・本音の収納法なのである。お針箱は片づけ上手を象徴するシンボル商品、いってみれば虚栄の収納具なのである。

収納という問題はこの辺から――「収納しない片づきかた」といったところから考えていかないと、一生片づかないモンダイなのであろう。

箱と筥――引出しのいっぱいついた箱と、な〜んも仕切りのない広場の筥の違い。私にはこの違いがルームに分かれた西欧の住まいと、な〜んも仕切りのない日本家屋との違いに重なって見えてくるのである。ここから収納の東西比較論を引き出すのは大事な視点なのだが、ちょっと道のりが遠いので、この話はここでトメておく。

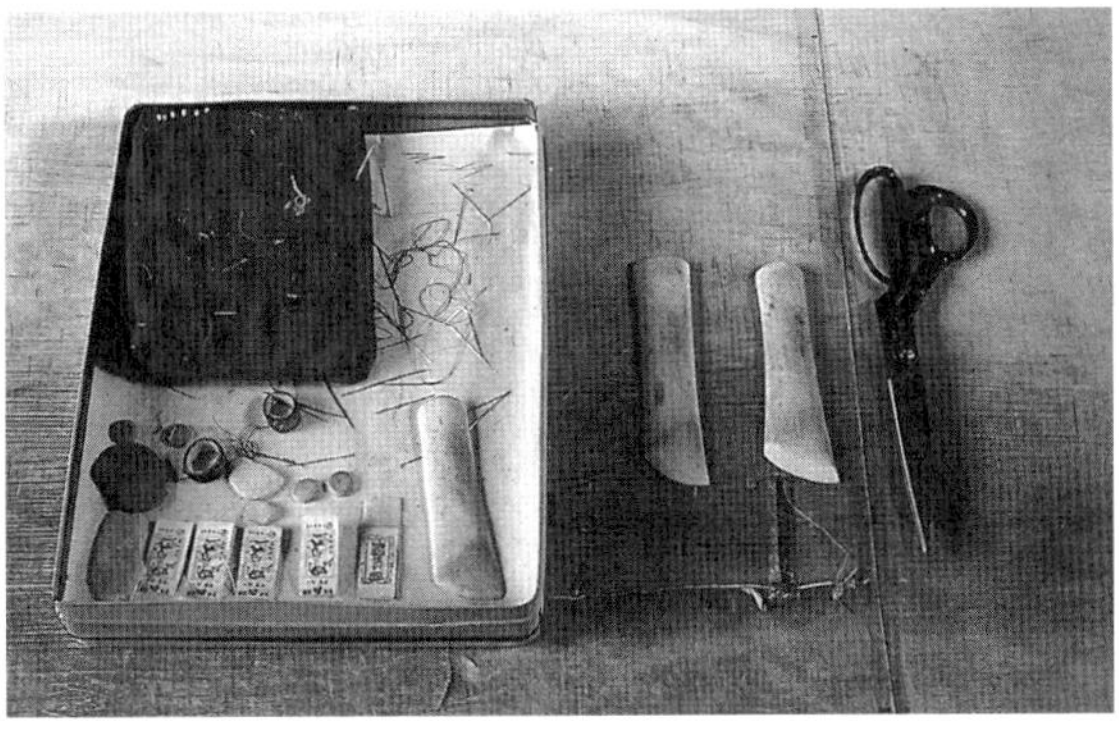

●裁縫筥――プロの裁縫師（中村高次郎さん）の本音の片づけ道具筥。贈答用の干菓子か煎餅の筥を利用している。底に白布を敷いているのが決め手。出典・山口昌伴『和風探索――にっぽん道具考』筑摩書房（撮影／本郷秀樹）

5 出し並べ仕舞いの系譜

——見つけ、見分けアナログ分類法

私は日本人の物の仕舞い方の原風景をつかみとるために、山形県から岩手県にかけての古民家、古農家を訪ね歩いたことがある。その「日本人の物の仕舞い方」の原型をひとことでいってのければ「ぶらさげ収納」だった。

●ぶらさげ仕舞い

何でもかんでもぶらさげたり、ひっかけたり、挟んだりしてある。ことに目立つのは衣類や蒲団の類までぶらさげる。栓を打って（近代には洋釘に進化）ひっかけてある。足りなければ縄を張ってひっかけてある。納屋に入ると、竹竿を渡して、これに掛けてある。

長持、箪笥などは私にいわせれば大陸中国からの外来文化であり、それだけに格式の高い文化の「収納」具であって、庶民の住まいでは居室も納屋もみな「ぶらさげ仕舞い」。

なぜ「ぶらさげ仕舞い」か。

第一に持ち物はみなぶらさげておけるほど少なかったということはできる。ぶらさげきれないほど物（着物など）があれば、畳んで重ねる必要も出てくるから、箪笥などという「収納」具も必要になってくる。

そして、もうひとつ理由がある。ぶらさげておけば空気が流通して蒸れない。腐らないから傷まない。空中に晒《さら》しておけば虫もつきにくい。これを「収納」すると蒸れる、湿ける、黴《か》びる、虫がつく。全体的に温帯の、夏には高温多湿の日本の気候では、仕舞い込むこと、収納具に収納することは損害をうみやすいのである。

最後にもうひとつ、ぶらさげ仕舞いでは、あるもの全体が目に入る、見てとれる。これは次項、次々項での発見「見えなくなったらなくなったも同じ」という「日本人の収納挙動の法則」に通底する日本人の仕舞い方の法則まるだしの原風景なのである。

●工具仕舞壁——ポンコツ自動車ほか、よろず修理工房の寸景。幕板に釘を並べ打ちしただけの収納装置壁だが、「仕舞い」の本領を発揮して見事。股あり工具は釘を手がかりに「股ぎぶらさげ収納」、柄のあるものは「孔入れぶらさげ収納」、リングのあるものはそれを釘に通す「目留孔（めどあな）収納」——仕舞うものの形状から自ずから収納分類が発生し、完結している。（撮影／北田英治）

●ぶらさげ収納——このインテリアは明らかにぶっつけ貼りつけの安普請、だからハンガーを掛ける手がかりに便利だった付鴨居なんか通っていない。そこで「無目」（溝のある鴨居に対して溝のない横木をいう）を「ぶらさげ収納」に活用している。予告なしの飛び込み調査で押さえた収納の素顔の一景である。山形県日本海沿岸集落にて採集。
（撮影／北田英治）

◉出し並べ仕舞い――パンチングボード

ぶらさげ仕舞いに近い風景として、出し並べ仕舞いが、これまた目立つ。

台所の近代化、台所のキッチン化（洋風化）の流れのなかで、大正時代以来の改善台所では台所を明るく、と流しの向こう壁を出窓にすることが奨められた。その出窓の両側壁をたように金属パイプの簀の子棚を何段にも設けて、洗い物の水切り棚に用いるとよい、と推奨された。それが日本人の仕舞いかたにマッチしていたため、そこが水切りという用途よりも「出し並べ仕舞い」の空間として活用された。そして、一九七〇年代以降のシステムキッチン流行の前、一九六〇年代のキッチンに大流行したのは「パンチングボード」を用いる「出し並べ仕舞い壁」であった。

パンチングボードとは化粧合板に規則正しく同じサイズの孔をあけた（パンチングした）板である。この孔を利用してクロームメッキをした折れ曲がった鉤《かぎ》状のフックを留め、そのフックに玉杓子からフライパン、すりこぎ、缶切りまで、なんでもぶらさげる、ぶらさげて「見せる」出し並べ仕舞いであった。

これが引出したくさんのシステムキッチンになると、調理の小道具はみな引出しの中に「収納」することになった。その引出しの中は幾つもに仕切られて、果物ナイフはここ、調理鋏はここと、小道具の位置がそれぞれに定められるようになっていた。

こういう「収納」の仕方は西欧（中国も）の「収納」文化の産物であった。だが――実際には（日本では）引出しの中は、その小間仕切りを取り払って、あるいは残してあればその仕切りを乗り越えて、ごしゃごしゃに小物が放り込んである。パンチングボード・出し並べは日本人の性に合っていたのだが、それがみっともない、引出しに「収納」すべし、とされると、懸命にそれに従おうとする。それがトラウマとなり、精神的バイアスともなり、ついつい出しっ放しになって、多くのキッチンは台所状態（小道具がぜんぶ見えていてすぐ手にとれる状態）に、立ち戻るのであった。

なぜ「収納」がトラウマとなり、バイアスとなるのか。分類あっての収納である。その分類が日本人は不得手、というより日本人のセンスに合わないのである。このことはこの

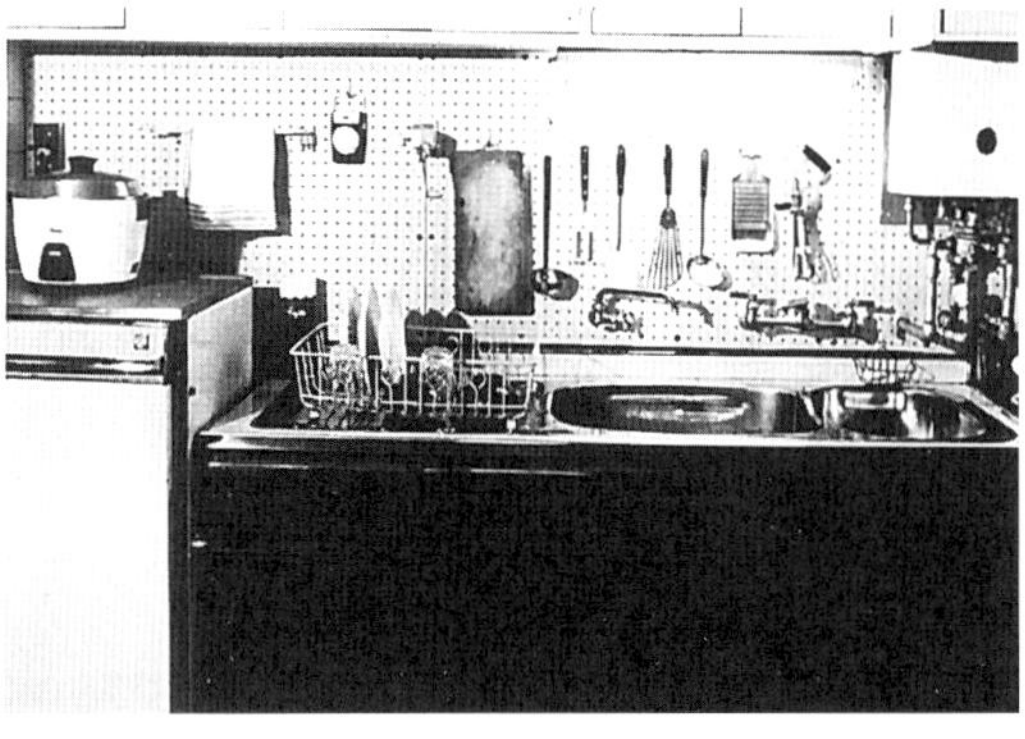

●パンチングボードのあるキッチン――昭和三〇年代後半の改善キッチン。流し台向う壁を全面パンチングボードに。台所仕事も楽しくと、ソニーのトランジスタラジオ（当時のインダストリアルデザインの名作の一つ）がフック一つで「ぶらさげ収納」を実現。そのうちキッチンは仕舞い隠すことがテーマに変わっていく。（撮影／筆者）

●農家の台所改善にもパンチングボード——昭和三〇年代中頃の農家の竈屋を拡張した改善キッチン。左手の水屋厨子から手前が旧台所。その先を改善キッチンにしている。台所改善運動では「台所を明るく」がキーワードだったので、窓を設け、天窓も思い切り大きくとった。そして正面壁に棚（左側）と大判のパンチングボード。右端の小棚もパンチングボードから棚板支持フック（金物）を刺して、持ち出し棚にしている。（撮影／三沢博昭）

火の用心

章の最後に証している。

●茶筅筒の風景——ガラス戸の中と板戸の中

とある民家の台所に入りこんで収納調査をしていた私、そこに「日本人の収納挙動の法則」のひとつを発見「させられた」ので報告しておく。その台所は高床の板の間で八帖はある。もともとは土間台所だったのを高床に上げた改良台所——なのである。一方に立ち流し、調理台、プロパンのガス台の列がある。そして残る三方はことごとく高さ六尺（一・八メートル）の戸棚になっている。

昔の台所には戸棚というものがなかったので、戦前昭和の台所改良指南の書では戸棚を導入せよとしきりに奨めている。戸棚を設ければ「一畳が八畳に使える」と、その効能をうたっている。そういうことが背景にあってのことか、ここの改良台所にも、入れられるだけ戸棚を並べている。

そのわりに、床面にゴタゴタと物が出ている。戸棚の前面の下部は戸棚に近づけないほど物が並んでいる。いったいどうしたことだ。戸棚前の物をよけて戸棚の板戸を引いてみると、中にも物がぎっしり詰まっているかと思いきや、意外にがら空《す》きなのである。ほとんど使いものにならないようながらくたが、とり残されたように居すわっているだけ。床に出てるゴタゴタはみ〜んな収納できるのにヘンである。

戸棚はほとんどが板戸だが、高さの中ほどにはガラス板の引違いになっている段がある。そこだけは「ところ狭し」とぎっしり物が詰まっている。読めたぞ。

この家にお住みになっているのは、ご先祖さまから代々の、いわば日本原人である。その住まいに、戸棚なんてものはなかった。収納といっても先述のぶらさげ収納の延長で、ぶらさげるところがなければ床に置く。戸棚に「収納」すると、直接目には見えなくなる。「見えなくなったものはなくなったと同じになる」のである。

まるで冗談のようにいったが、これが本当のところであって、日本の収納問題の最大の「重点」なのである。戸棚がきたとき、何をどう、どこに入れたかはそのときは覚えていたつもりが判らなくなってきて、何かを探すのが大変である。で、何かを探しているとき

●究極の出し並べ仕舞い

右頁上／奄美大島の民家。予告なし飛び込み調査でこれほど整っていた例は他にない。東北地方ではビニールトタンの大活用が展開されていた（第3章7「北国の押出し収納」一一八頁参照）が、南西諸島でもまた別のビニールトタン文化が形成されている。その一例でもある。この異常なまでの片づき方の決め手は、「モノの数」を完璧に把握していることであろう。

右頁下／飛騨高山の奥の小原村、合掌造り民家で見つけたのは、一〇畳の居間の端に設けたミニマムキッチン（必要最小限台所装備）。見えなくなったら（仕舞い込んだら）なくなったも同じ。ということは、仕舞い込むものは使わないもの、と同義ということである。筆者はここまで切りつめられた台所の形に、感動のあまり、このミニマムキッチンを「床の間台所」と名付けた。ご飯は炊けるし飯櫃もある——自動炊飯ジャー。湯茶は大丈夫——薬缶・魔法瓶。汁もつくれる——ガステーブル。調味料のストック——一升瓶。食器も揃っている——椀籠。台所ごみは——屑籠。食材は——冷蔵庫、足りない物があったら——電話をすれば届く。流しは土間のほうに山の水を筧（かけひ）で引いた水槽がある。（撮影／いずれも三沢博昭）

別のものを見つけて、あ、ここにこれがあったのか――なくなったも同然だったから、これは新規の発掘品といってよい。「探してたんだよ、これ！」と、またなくなってはいけないので戸棚の前の床に「出しておく」。こうして、新発見、新発掘の品々がだんだん外に出てくる。戸棚は空っぽ同然になり、床の上は足の踏み場もなくなる、という次第。

ここで発見したのは「日本人の収納挙動の法則」――要るものはそこらに出しておく。見えなくなったらなくなったも同然だから、である。

その証明――は簡単である。ガラス戸の中は満杯だった。目に見えるから――なくなる心配がナイ、のである。

冷蔵庫にもこれとまったく同じ「日本人の収納挙動の法則」があてはまる。開いたとき目に入らない奥のほうのものはなくなったも同然なのである。

その結果が第1章第1節に述べた莫大な「収納浪費」の発症なのである。この浪費を軽減するには、ひとつには冷蔵庫は奥の浅い型《タイプ》にすること。ふたつには、扉をガラスにすることである。

◉現代収納の決め手――衣裳ケースとビニ袋

現代日本の収納風景に、新しく登場して大普及を遂げている収納具に重箱式透明プラスチックの衣裳ケースがある。満杯になった押入や洋服箪笥の前に積み上げている。それでも入りきらない衣類はビニール袋に詰めて、その衣裳ケースの上や脇に置いている。車輪（キャスター）付きのものもある。もとはたんなる深底ケースだったが、前面からの引出し式になってきている。

このプラスチック衣裳ケースの原型は日本の伝統的収納具・柳行李である。杞柳を編んだ深いかぶせ蓋の箱状の柳行李に、何でも詰め込んで、押入に仕舞った。旅に出るにも小さな柳行李。柳行李に物を詰めるのは「押入れ」に対して「押込み」「詰込み」といい分けたほうがいいかもしれない。

この衣裳ケースやビニ袋の特性のひとつ、やたら詰め込むこと――は柳行李の伝統を受け継ぎ、そしてもうひとつの特性、透けて見えること――は、出し並べ収納の性癖を見事に受け継いでいるのである。

●柳行李――いま流行のプラ衣裳ケースの原型は押込み・詰込み収納具、柳行李だった。竹骨の枠を廻し四隅を補強しているのは、引越しにもそのまま担いでいける堅牢さを保つためであった。杞柳編みは板より軽く、蒸れない利点があった。川越市・田口家。（撮影／本郷秀樹）

6 みずから身仕舞いする道具

——仕舞う道具と仕舞われる道具の関係

物、もの、モノ——限りなく出てくる物を仕舞う戦い。そこに「物のありようの法則」を見つけ、心得《こころえ》ていかなければ、物が片づくワケがない。そのひとつは、「使いどき、仕舞いどき」の「心得」である。

物には「使いどき」がある。「お〜い、あれ出してこ〜い」。仕舞いどきには二つの「時」がある。仕舞うタイミングと、仕舞った状態にある「時」である。

「いつまで出しっ放しにしとるんや、はよ仕舞え」——用事が済んだ、と見はからうタイミングを失いがちになっているのが現代ゴタゴタ症候群の一大要因であろう。

その原因には「使いどき」がハッキリしなくなっている——ライフスタイルの恒常性の喪失、ということが絡んでくる。

◉使いどきより仕舞いどき

もし「使いどき」を過ぎた物をさっさと仕舞ったとしたら「仕舞った状態」の時間のほうがずっと永い。お雛さま、五月人形などは二週間ほど出しておくが、あと一年は仕舞ったきり。そこで、「使いどき、仕舞いどき」がハッキリしていれば、おのずから仕舞いのシステムが形成される。箱入り収納や引出し仕分け収納（箪笥）が成立していくはずだ。

今どきの物はボール箱に入って届くが、その箱を捨てることから使用が始まって、「仕舞いどき」がなく、「仕舞い場所」もない。

物は長時間放置しておくと劣化し、傷む。そこで光と埃を防ぐため箱に入れて「仕舞う」。除湿と断熱には桐箱がいい。箱入れ収納は、日本収納文化のカナメであった。箱に入れると中味が見えない。そこで、何が入っているかを箱の表に墨書しておく。箱書きである。箱は蔵の中では箱書きが見えるように棚に並べている。結局は目で探すのである。

●漆椀の四〇人前揃——蔵破りで見つけ出した祝いの漆椀四〇人前揃えの収納。器ごとに嵌め重ねて嵩ばらないよう合い寸法をとらせて、収納箱の寸法を小さくしている。椀は持ち心地、吸い心地に仕舞い寸法も配慮して決めている。（致道博物館所蔵、撮影／三沢博昭）

箱書きには品名から由来、製作者、製作年月日、あるいは購入年月日、そして注文してつくらせた物なら発注者（その家の当主）などが表記される。物を探すに便利であるし、三代も経つと箱書きがますます有効になってくる。そこで、箱書きに嘘八百を並べる「騙《だま》しの文化」大系さえ成立するのだが——。

箱入りにすれば内から虫がつき　　柳多留

箱入り娘には心配が尽きない、と見つけているのだが、内から虫がつくのは箱入れ収納の失敗の代表でもあった。よく乾燥し、消毒し、拭きあげて、詰め物の綿類にも気を配らなければ、虫が喰ったり、黴《かび》が生えたり、錆びたりで、久々に出してみたらえらいことになっていたりする。

◉仕舞い寸法で嵩《かさ》べらし

箱入れ収納には同種の物をセットで収納するのが効率がよい。脚付膳、塗椀、盆など四〇人前揃えなどという箱書きのある長大な箱を蔵出しなどで見かける。器物のほうも仕舞寸法が小さく納まるように工夫されていたりする。漆の椀など、和紙一枚敷いては重ね、三分（九ミリ）ずつ縁が重なるようにつくってある。嵩張らないよう胴の傾斜を重ねやすく配慮しているのである。仕舞う——は器形のデザインをも律していくのである。

◉収納具が陳列台に変身

私が感心しているのは雛人形のセットである。御殿は解体すると、ぴったりひと箱に納まるようになっている。三人官女、五人囃子、以下さまざまの雛壇に並べる物が、それぞれセットにして細長い箱に入るようになっている。人形などをすべて出して、空いた箱を積むと、ちゃんと五段なり七段なりの雛壇に組めるようになっている。お見事。

こうした工夫は、昔の収納にさまざまに見られる。たとえば明治時代の物で、四角錐台形の箱があった。側板がけんどん蓋（慳貪《けんどん》＝上下に動かすと蓋が外れる）になっていて、外してみると石油ランプが入っていた。これは四角錐台形の箱が箱台になっており、ランプをその頂部に載せると、ランプを高く置くことになり、光が広がる。有明行灯《ありあけあんどん》は箱枠の中に

●片づきの形
右／スタッキング収納の七重の漆盃。片づきの形が、飾ってもサマになる。（撮影／北田英治）
左／脚付き膳は脚の分だけ仕舞いに嵩ばる。ちょっとずらすと納まる。（野麦街道蔵破りの旅から、撮影／三沢博昭）

●石油ランプ——慳貪蓋を開けると石油ランプが入っている。角錐台形の収納箱がランプの箱台に早変わり。近世の商品には「使わないとき」への配慮のはたらいているものが多かった。（致道博物館所蔵、撮影／北田英治）

●有明行灯——仕舞う箱が使用時には台になる。厠に行くときは左下のようにして提げていく。（致道博物館所蔵、撮影／北田英治）

四面障子の内箱が入っていて、これを引き出して外箱に載せると明るく使える。箱が文化のひとつの柱になっていた時代の、ごく自然な思いつきなのであろう。

　箱膳は奉公人が自分の食器を収納しておく箱だが、蓋を返してのせると縁《へり》付き盆になって使いよい。仕舞いどきと使いどきの収納具の変身の仕掛けとして、ここではあらため讃《ほ》めたたえておきたい。

●みずから身仕舞いする道具

　まず、重箱。これはぴたりと重ね合わせられるだけだが、今の言葉でいえばスタッキングできる「みずから身仕舞い」の初級といってよい。さらに気が利いているのが入れ子方式。ひと昔前の台所では、汎用の竹笊《たけざる》を三つ、五つと使い回していた。三つなら大・中・小となっており、使わないときは順に重ねると嵩張らない。

　入れ子――大のなかに中を、中のなかに小を入れて仕舞い寸法を小さくする方法は、日本人にはたいへんお気に入りだった。

　代表はどの家にもあった切溜《きりだめ》と呼ぶ入れ子の箱。ただの長方形の箱なのだが、写真は身も蓋も七つ入れ子。

　これが実際に使われた場面――明後日《あさって》は田植えが我が家の番だ。村々での持ち廻り（役割交換）の結《ゆい》（共同作業）だから近所の親戚から手伝いに若い衆もたくさん来るし、早乙女《さおとめ》も来る。嬉しい多人数の加勢だから、とびきりの馳走をどんどんつくらねば。その準備には容れ物がいくらでも必要だ。野菜や山菜、漬物など多種類の材料をたくさん切り刻んで仕分けておかねばならない。

　そうした「切って溜める」ものを容れるので「切溜」という呼称になったという。できた料理もさまざまだから蓋を大の大、大の中、大の小、中の大、中の中……と並べて、これには団子、これには煮物と分けて入れる。入れ子の切溜には長方形の角形のもののほかに、曲げわっぱの円いのもあった。

　使い終わったら綺麗に洗い、次々と入れ子にして、「みずから身仕舞い」を完了すれば最大の外箱ひとつにまとまる。寸法のちょっとずつの差は実用上は問題にならない。使わないとき、仕舞ってあるときの「身仕舞いのよさ」のほうが決め手となっているのである。

●切溜――みずから身仕舞いする方式の代表。入れ子の切溜。右は角形（致道博物館所蔵、撮影／三沢博昭）、左は円形のもの。（撮影／ミュー編集事務所・林昌秀）

7 見せる収納
——不時の用に備えて

収納とは仕舞い込んで見えなくなればよいというものではない。用の生じたときに、容易に探しあてて、素早く取り出せることが収納の使命である場合も多い。用がめったに生じない物は、保存大事のためには取り出すのに少々手間がかかってもかまわない、といった時間どりが計算される。箱入れ収納がその典型である。もう一方、不時の時にすぐ探せて、すぐ取り出せる収納の仕方がある。

下の写真の傘立ては、一天にわかにかき曇り——不時の用にすぐ間に合う「見せる収納」、かなり広く行われていた番傘収納の定型である。杉板を柱の内法《うちのり》にちょっと打ち付けただけの、超安価にして必要充分な機能を叶えている。

写真の傘立てが本来番傘用であったことは、中央の一本が象徴的に示している。洋傘の成《せい》が揃っているところに「片づける人」の美意識が感じられる。洋傘の先が通路の鴨居下まで突き出ているのは気になる。見れば番傘の柄は、ちょうど鴨居の成のうちに納まっている。お見事！　鴨居上だから柄を握ろうとする手が届く高さ。番傘の頭を上の円穴から突き上げ、下の板の切り込みに柄を入れて手を放せばストンと納まる。

番傘立て。この単純さ、この軽妙さ、この安直さ。値段がつかないくらい安価だから商品にはならない。それに既製品で内法寸法にぴたり合うようにはつくれない。大工さんが頼まれ仕事の合間に、片手間の置土産なのだろう。

あるいは初めて野丁場に連れてこられた丁《でっ》稚《ち》に、ちょいと傘立てつくってあげナ、といわれて結構意気込んでつくり出した初仕事だったのかもしれない。番傘の頂部を突き出す円い穴の律儀な鋸づかいに、初仕事の丹精が感じられる。

●番傘収納——この番傘の収納法は全国的に行われていた定形であり、北海道開拓村に移築復元されている鰊御殿には何十本も仕舞えるこれと同じ形の番傘立ての「壁」があった。（日本海沿岸集落調査で採集。撮影／北田英治）

8 吹き溜まる物たち
——テレビの上を見せてください

生活行動とそれを具現する物との関係のひとつの状態が片づいている、仕舞ってある、収納してある状態である。西欧で物を見えなくなるように仕舞う「収納」体系（システム）が成り立ったのは、はっきりいってしまえば生活行動がしごく単純だったからである。

そして、どうも私の見るところ、西欧——欧米ではこの生活様式の単純さが、今なお保たれている。日本では生活様式が乱れ、とりとめもなく千変万化し始めたために、物が狼藉をきわめるようになってしまったのである。ただし、物溢れゴタゴタ景観を狼藉といったのは、そのいい方の背後には欧米流（そして中国流）の「収納」イメージがあるからである。

◉収納ではない仕舞いのかたち

ゴタゴタの風景を見直してみると、決して片づいているようには見えないけれど、物は仕舞い終えて、居るべきところに「仕舞われ」ている状態というのは、ありうる。

このことに私が気づいて、「片づく」とは日本ではどういうことなのかを考え直すに至った引き金になったのは、日本海沿岸「仕舞いの文化踏査行」の旅の道すがらであった。「収納」という固定観念的、建築家的発想を超越して、「収納」の不得手（らしい）日本人が、実際にはどんなふうに物の群を仕舞っているのか、の実景を見直してみよう、というのがその踏査行の目的だった。

日本の仕舞いの原風景探索に日本海の岸辺を、というのは「仕舞いの文化踏査行」の行程から決まってきた。まず正統的日本型「収納文化」（上位の階級の暮らしにはそれが成立していた）の踏査のために、まず山形県鶴岡市の「致道博物館」を訪ねる。昔の武家・庄屋階級の生活遺留品を体系的にとどめているので、「まじめな」日本上流階級型「収納」文化を学習したのであった。その「まじめ」な取材を終えた夕方、鶴岡市から日本海側の湯野浜温泉に泊まり、翌日は日本海岸を一路南へ、普通の家の「物の仕舞い方を見る旅」へ。

◉テレビの上を見せてください

次から次へと小集落、海岸沿いの町が現れては後方に去っていく。このままでは終着地点に予定していた新潟県村上市まで、すぐ行き着いてしまう。これまでに見てきたような、見知らぬ人たちの集落の、どの家かに上がり込まなければならない。すべて見知らぬ家だから、まずは道に出ている人を見つけなければ糸口がない。

人影のない街村の表通りの道端で、やっと人影を――おばさんを見つけた。

おばさんは平たい竹笊を片手に持っていた。竹笊の上には魚のひらきが並べてある。それを道わきに立っている高い柱のわきに置いたところである。そばに寄った私、ぼんやり見ている。おばさんは柱にまつわりついているロープをほどいて竹笊の吊手を結びつけて、ロープを引いた。柱の頂部に滑車が付いていて、竹笊は上がっていった。

私「あのぉ～、どうして柱に吊るんですか?」おばさん「魚を干しとるとね、猫にとられるの、それで高いところに吊るの……どこからきなんした?」土地の者じゃないのはひと目でわかる。私「トーキョーから……」おばさん「釣りかね」私「いやぁ、釣りがしたいけど、ちょっと調べモンで。あの、すみません、ちょっと。調べ物にご協力願えませんか?」おばさん「何を調べるんです?」私「あの、モノの置き方のことをちょっと。(ここでヒラメキ!)あの、テレビの上です」おばさん「へッ!?」と吹き出す。私「テレビの上って、平らになってて、いろんなモンが置かれてますよね、どんなモンが載ってるのか、全国調査をしてるんです」おばさん「エヌエチケーのヒト?」私「いや、NHKじゃないけど、おタクのテレビの上をちょっと見たいんですけど」おばさん「……どおぞ」

テレビの上を見たい――これはまったくの思いつきだった。高く上がった干物の笊を見上げて、目をおろす途中で屋根の上のテレビアンテナが目に入ったのである。

テレビは居間にある。土間を入って、上り框《かまち》の先にある。プライバシー観念のうすい田舎ならそこまでは公共空間といってよい。

この踏査行は——ずいぶん昔の話で一九八一年の秋だった。その数年前から「屋根付きテレビ」が人気をとっていた。テレビの上の平らな板が四方にテレビ本体から軒のようにせり出している。それが堂々と恰好よかった。商品名もおごそかに「飛鳥」だったか「高野」「比叡」といった銘を付けた広告が記憶にある。これが田舎の広々とした板の間に置かれると恰好がついたのである。

「テレビの上を」と切り出すと、たいていのヒトがプッと吹き出す。でも断られることはなかった。おかげでどんどん他人様のお宅に上がり込むことができた。テレビトップの景観サーベイは見知らぬ家に入り込む口実、便法として思いついたのだが、これがこれでなかなか面白い調査になりえた。

◉テレビの上をゆっくり撮影

私は同行のカメラマンに、なるべく時間をかけてテレビの上の光景を撮影するように頼んでいた。その間にあちこち見回して、物の仕舞い方の実例を見つけておいて、テレビの上の撮影が終わると、「あっ、こっちもちょっと撮って!」という手口である。田舎の人はいったん親しく口をきけば、昔なじみのように親しくなってくださる。中の間をちょっと覗いて、「立派なお仏壇ですねえ」とほめれば、そこまでカメラが入れてしまう。

さて、テレビの上に戻ると、たとえばこんなふうである。テレビの上にはいろんな物が載っている。まずカレンダーがある。大きいのは壁にとめてあって、テレビの上のは折立て式の卓上カレンダー。工務店の名があるから年末に配ったものだろう。置時計もある。これも贈られたもので親戚らしい屋号が印字されている。親戚の家の新築祝いの記念品である。最初の家で目立ったのは時計付きの波に魚の青銅の鋳物。魚は抽象化されたイルカのようである(写真下)。金属プレートの印字を読むと、秋田の水産学校外洋練習船ハワイ航路遠征記念とある。それがご一家との対話の糸口になった。ご子息は秋田の水産学校を出られて——その後、水産大学へ、「ほう、優秀だったんですね」といった調子である。

●魚の跳ねる置物——ご家族との会話のきっかけとなったテレビ上の置物。後は家の中じゅう撮りたい放題になる。(日本海沿岸テレビの上調査。撮影/北田英治、以下七四頁まで同じ)

●飾る「仕舞い」――「片づける」には見せる「仕舞い」も大きな位置を占める。写真上は、実にここにこそあるべき位置に、あるべき物が居すわっている「仕舞い」の典型である。写真左も「仕舞い」の風景。吹き溜まり収納のタイプのひとつである。

◉テレビの上・吹き溜まりの類型学

「テレビの上」はゴタゴタ物の片づけ学の見地からすると、不思議な場所である。ひとことにいえば、いろんな物、ちゃんとした行き場のない物が吹き溜まる、吹き溜まりの小天地である。

といってもある性格をもっている。大きくいってふたつの類型に分けられる。

ひとつはミニ床の間型である。ミニ床の間といえば序章で玄関靴入れの上が押板・ミニ床の間だといった。テレビの上は本床（本当の床の間）と玄関ミニ床との中間的な、でもやっぱりミニ床の間。もうひとつは通りすがりのちょい置き台。大枠のなかで、それぞれのテレビの上はさらに類型化できる。

先に見た外洋練習船航海記念置物のあったテレビの上は「生活歴型」とでもいえるだろうか。四季折々の贈答品、中元・歳暮・行事記念など数年分が吹き溜まっている。

「通過儀礼展示床の間」に専用化されている型（タイプ）もある。結婚記念額や新築記念祝い額（たいていい時計や寒暖計、湿度計がはめ込ま

れている)。赤ん坊や愛犬の写真額、表彰状や記念楯などが載っているのは「我が家の歴史館」型。これにやや近いのが「家族旅行史展示館」型で、北海道の木彫りの熊、伊勢参宮記念の万古焼の龍といった類が並んでいる。

これらは仕舞い込んでおいては意味がなくなる物、だから出してある。そういう物の集合場所なのである。ガラス箱入りの人形がびっしり並んでいるテレビの上、これはどうも元はピアノの上に並べてあったのが、ピアノがお嬢さんと一緒に嫁ぎ先へ運ばれてしまったので、テレビの上に置き替えられた、と読めた。「飾り床」型である。

「玄関靴入れミニ床代理」型というのもある。自動車セールスマンや保険外交員の名刺、クリーニング屋の通い帳などの吹き溜まりである。ある家ではテレビが居間の奥まったところにあって、まず目にとまったのが天花粉の缶。テレビと天花粉――ミシンと蝙蝠傘の出会いのようにシュールな組合せだが、すぐ近くに風呂場への出入口があって、了解。爪切りや髪切り鋏、櫛やガーゼ、バンドエイドにイボコロリ。「通りすがりのちょい置き台」型である。

◉吹き溜まり収納ソフトは複雑系

いろんな物がいろんな集合を成して吹き溜まる「日本のテレビの上」は、他人にはゴタゴタ雑多な物の狼藉にしか見えないが、実はそれぞれにある秩序をもって分類整理されている。物の片づけ方、仕舞い方のソフトウェアは厳然として存在しているのである。そのソフトウェアなるものが、ひじょうに複雑な価値係数の精密な絡み合いによって成り立っているので、とうてい他人には解読しえない。けれども厳然としてそのソフトウェアは存在しているのである。

そこのところに立ち入らないかぎり、片づいていても片づいているとは見えない。吹き溜まるには吹き溜まりのソフトとハードのシステムがある――ゴタゴタ物はそうした複雑系によって律せられているのである。

日本人は物を見分ける力（多数の物を分類し、それぞれを位置づける力）がないのではない。私はシステムキッチンの元祖、ドイツのフランクフルターキュッヘを見たことがある。そこでは食材も調味料も、日本でいえば銭湯の

●吹き溜まり収納の例（右頁）――収納といったが、収納のうちの「見せる仕舞い」の類型群なのである。テレビの上に集まっている物たちの相互間に、分類学的な論理性はまったくないことが多い。しかし、一〇〇景ほど集めれば、いろんな視点から説明できる論理が浮上してくるに違いない。右頁の四点に前頁の三点を加えてみると、共通項としうるものに、時計類、ティッシュー類、人形類などは簡単に挙げられる。だが、その先はそう簡単には見分け、意味分けができそうにない。しかし、そこはかとなく、一見しただけでは見えにくいいろいろな論理が交錯しているように思えてくる。吹き溜まり収納のソフトウェアは複雑系なのである。

下駄箱のように並んだ引出しに入れていた。そんな収納で済むということは、調理が単純だということである。そして、ドイツ料理は——不味《まず》い、とはいい切りがたいが、幅がない、味と味に間がない、とはいっていいだろう。

日本では万物が多彩であり、その差異は微妙をきわめる。その微妙を無視すれば分類は楽はラクだが、微妙の「妙味」は損なわれる。その日本人が収納上手のモデルとせざるをえなかった西欧の人々は、そういう意味では物の見方がおおざっぱであることと、物自体が存在として比較的単純で、分類しやすいものが多かった、といえる。

分類仕分けができる、ということはAとBとの間を断ち切れる、ということである。日本ではそこがむずかしい。割り切ってしまえないのである。

割り切りのよさは次のふたつの条件のいずれかによって成り立つ。

物の見方が単純化できる性格であること、そして分類すべき対象が単純であること。ドイツでは割り切りよく、したがって分類仕分け力が発揮されるのである。

●隙間収納——隙間好きスキ、好き間収納
隙間があると、入りたがる物たちもいる。蛸壺は蛸のそんな性格を利用しているのだが、物にもそういう性格の物たちがいて、一寸あいているところに、いつの間にか入り込んで、じつに居心地よさそうにおさまりかえっている。その棲みつきぶりを観察して生まれた収納もある。写真上は玄関の下の下駄箱、下は縁の下の材木（いずれも新潟県村上市、撮影／北田英治）。

第3章

仕舞うための住まい——収納の空間学

「収納を中心に設計してみました」「仕舞える家」「収納部を思い切り——片づく家」——住宅雑誌にくり返される収納特集号にはそんな収納をテーマにした住宅設計例が限りなく掲載されている。「収納特集の戦後史」なんて題で一冊まとめたら、なんと「物との戦い」の敗戦史の大冊ができるだろう。*1 そうした収納特集の提案集は私の見るところ「手ぬるい」。もっとモット徹底的に、「片づけ魔の城」「シャトーお仕舞」「収納レジデンス」のコンセプシャル・思考実験ハウスを考えてみようではないか。

ところで、「片づけ魔の城」以下いろいろ仕舞える住まいの仮称を並べてみたが、収納の思考実験ハウスをひとことに表現するウマい言葉はないか。京ことばに、万事よく片づいている家の住み手(片づけ魔の主婦・奥さま)を「始末屋」という。始末屋は始末人、始末屋さんの意で、本来は始末をよくする人、片づける人をいうが、始末屋の屋《や》を家《や》とすり替えてモノがよく片づいている家を「始末家」と——それってクルシイよ。

じゃあ別案、仕舞家《しもたや》はどうだい。「その女がしもたや風の作りの家に入っていった」などという。原義はもと商家だったのが店仕舞をした(商売をやめた)家のこと。なぜか資産があるらしく、お妾《めかけ》さんを囲ったり、白い目で見られがち。転じて出職(居職に対して)や勤め人の家など見世《みせ》を持たない家一般を仕舞家ということになった。だから仕舞家ももともとの意は収納とカンケーナイのだが、「仕舞う」の字の付いている家なので、斬り捨てる前に紹介だけしておいた。以下に収納問題の片づいた家を「仕舞家」と記していたら、以上のことを知りつつの強引な「索強附会《こじつけ》」と理解されたい。

さて、以下に紹介する仕舞家思考実験ハウスないし収納狂の住まい七軒は、私の建築学生時代から駆けだし建築家時代を経て、現在に至るまでの長〜い設計人生のなかで、設計打ち合わせの間にころげ出たアイデア、放談のなかでキラリと光った発見、瓢箪から駒ならぬ冗談から駒と飛び出した逆転の発想などを、大まじめ・パロディ含めて一大物語に仕立ててみた空想の設計図である。なかには実際に、「ソレデイキマショウ」といい放った勇気ある建築主もいたのは事実なので、書き添えておく。

*1 収納対策は一〇〇年変わりばえしなくて、いっそう片づかなくなっているから物のほうの「圧勝史」である。

1 全面床下収納の家

――引越し苦症候群への対応策から

◉四畳半一間から一〇坪住宅へ脱皮計画

私の建築科・学生時代の親友に四畳半一間で母子暮らしという貧乏学生K君がいた。父親を早く亡くし、家も遺産もなかったのでぎりぎりの木賃《もくちん》アパート暮らし。子は息子一人（その親友）だった。少年の頃はまだしも大学生にもなれば「体積」が増える。母と「子ども」ならぬ「大ども」がどうやって寝ていたのかは、実際にお宅（お部屋）の中を見回しても想像がつかない。一人が寝たらもう一人は座ってる、時差出勤ならぬ時差就寝しか考えられないが、その話はさておく。

四畳半一間に一〇余年だからいろいろ物がぎっしり。そんな悪条件のもとで、K君は優秀な成績で建築学科を卒業、早々と結婚を決めこみ、若くして郊外に小住宅の新築を決行する。小住宅――といっても昭和三〇年代の極貧家庭の話だから今日の住まいの話よりひと桁小さくて、予算は一〇坪住宅が限度、というからかえって挑戦のしがいがある。新婚家庭・老母付き。ともかく四畳半一間暮らしからの脱皮への挑戦である。私は住宅設計家をめざしていたので、さっそく実地の練習問題としてK君の家の設計に取り組んだ。

いろいろのこと（ことに工事費の関係）から九坪（約三〇㎡）平屋建てとした。九坪だから四畳半四つ分。母子家庭四畳半のちょうど四倍。住み手は一人増えるだけ。あとで何人か増えるであろうが、当面子どもは「体積」が小さい。これは応急の第一次脱皮であって、一生住み続けるわけではない。

とすれば設計は簡単。新婚さんの夫婦部屋は四畳半と大きくとって、老母のほうはまあこの際三畳でガマンしてもらう。物のぎっしり詰まった四畳半の空きに大ども二人で「交代に？」寝ていたのだから、老母にとって寝室は三畳でも広々としたもんだ。

◉それで収納設計は？

収納？　もとが四畳半一間だったんだから床面積が四倍になったらどうにでもなると見くびっていたのだが、一〇余年暮らしてきた四畳半をあらためて見に行くと、物があるわ、アルワ。四面の壁（窓はつぶして出入口だけあけて）全面が戸棚や開架の棚、吊り棚になっていてモノがぎっしり。そこからはみ出した物が四周の棚の足元に積み重なっていて天井からもいろんなモノがぶらさがっている。

仕舞い込んであるモノはひとたび取り出すと、なぜか体積が何倍も膨張してしまう。引越しをするさきにはそれまで置けなくて元の四畳半になかった物も入ってくる。蒲団だってちゃんとしたモノが（片や新婚さんでもある）入ってくる。食卓や椅子、キッチンセット、洗濯機――二〇坪ならなんとか納まるにしても九坪では入ることは入っても納まりはつかない。壁という壁に棚をめぐらしても、敵――いや、仕舞ってあったすべての物は膨張しているからハマらない。新居が最初から目茶苦茶な生活景観になってしまう。

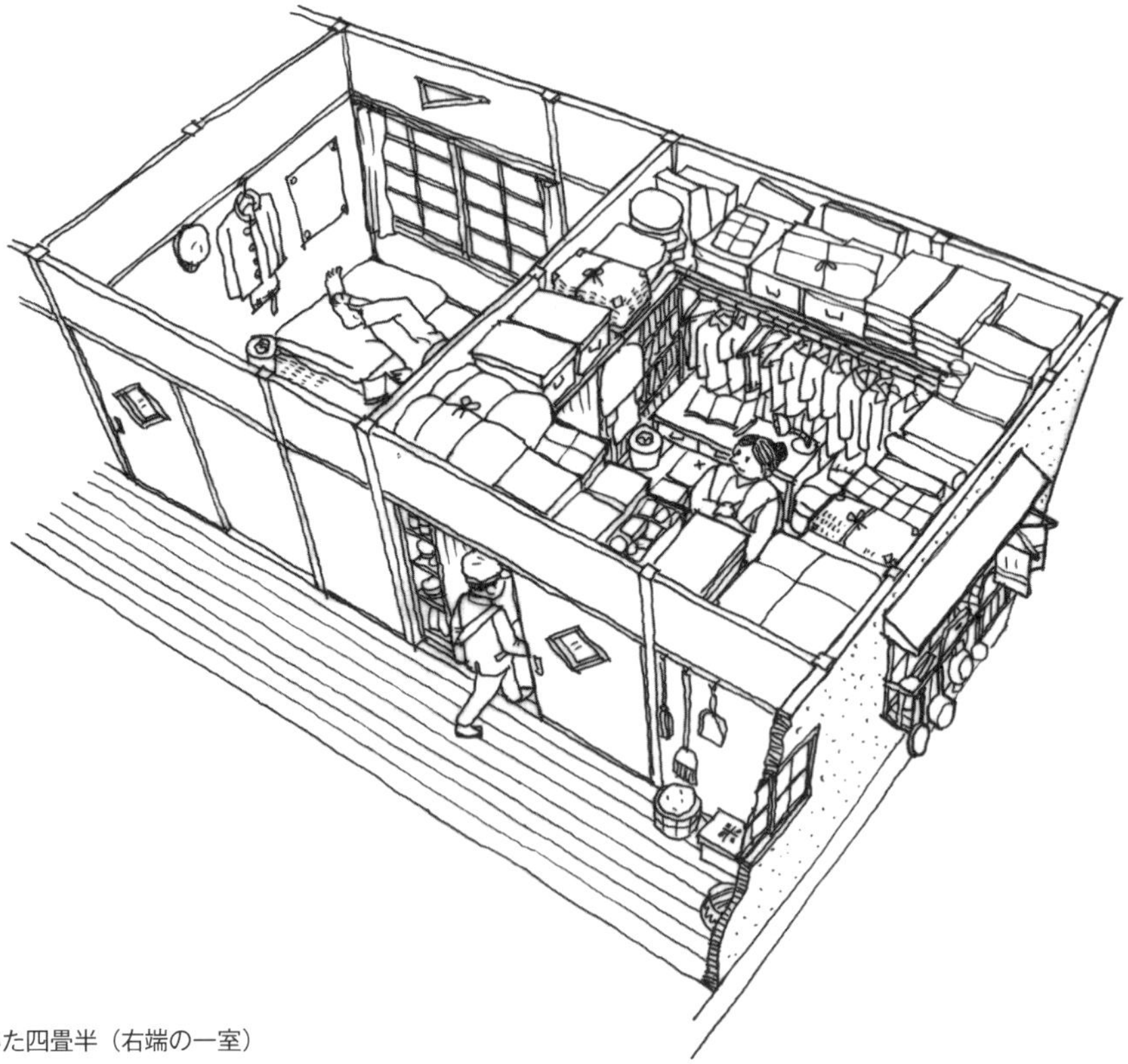

●もと住んでいた四畳半（右端の一室）
仕舞い込んである物は取り出すとなぜか体積がすっごく膨張するんだわなァ。
（挿絵／松本 徹、第３章すべて）

これは「収納を中心に考えてみました」ぐらいでは済まないたいへんな課題だ。どうしたらいいか？

私は抜本的な提案を思いついた。

一〇坪の予算だから建築面積を九坪にして、残りの一坪分の費用で、床下＝縁の下空間を高くするのだ。柱をそれぞれ一m継ぎ足して、床下をかがんで歩ける高さにする。その床下の土間をモルタルのタタキにする。そこはモノが積めるだけの強度があればいい。そして、高床の上面に、三尺ごとにマンホール（揚げ蓋）を付ける。その揚げ蓋に「ここから入ると何がある」という物品マップを貼っておく。そして、引越し荷物はその揚げ蓋の指示にしたがってそこから入ったところに積み上げる。そして、住み始めたらそこから入って、必要なモノを必要に応じて上にあげてくるのだ。こうすれば収納のための面積は平面積では建築面積と同じ九坪（三〇㎡）がとれる。

◉引越した夜・祝いの宴――ギターで一曲

いよいよ引越しする日がやってきた。その

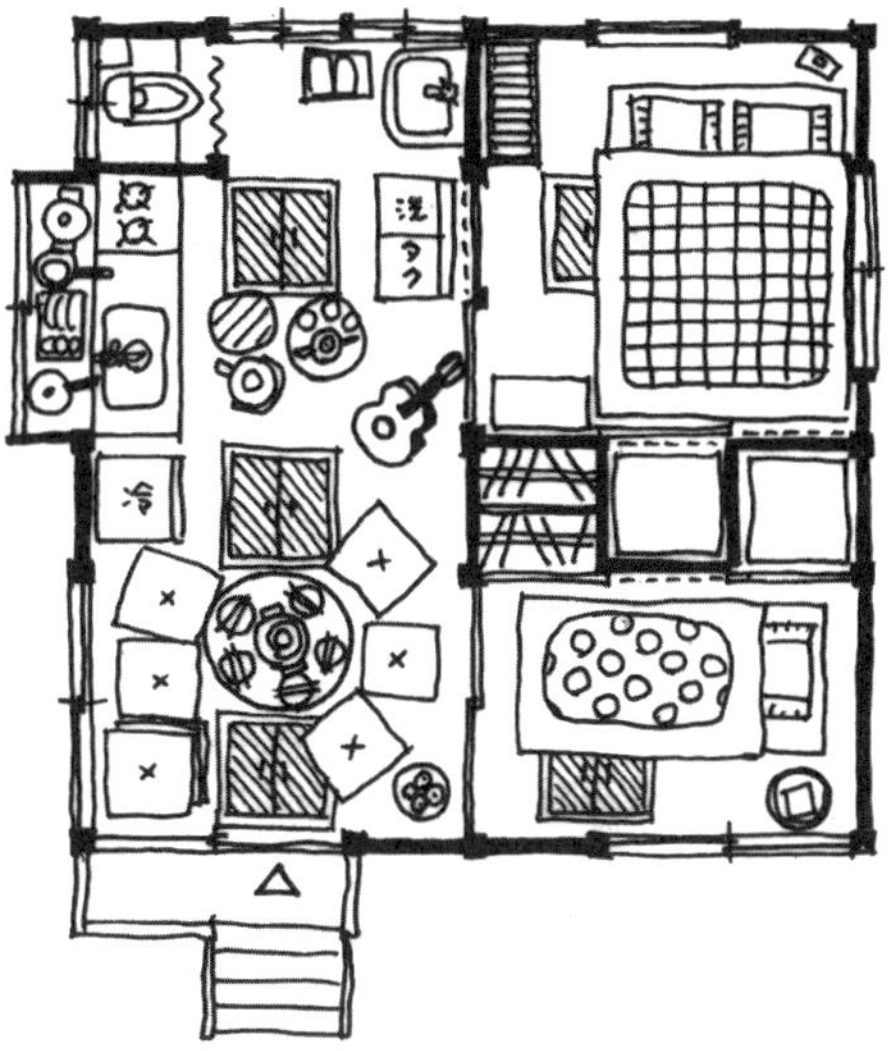

●全面床下収納の家・平面図（右）
高床の上面にグリッド状にマンホール（揚げ蓋）がある。その揚げ蓋に床下物品地図が……描いてあるとおりに入っていればいいのだが。春夏秋冬を過ごしたら、ま、あとは理論的にはイランモン！

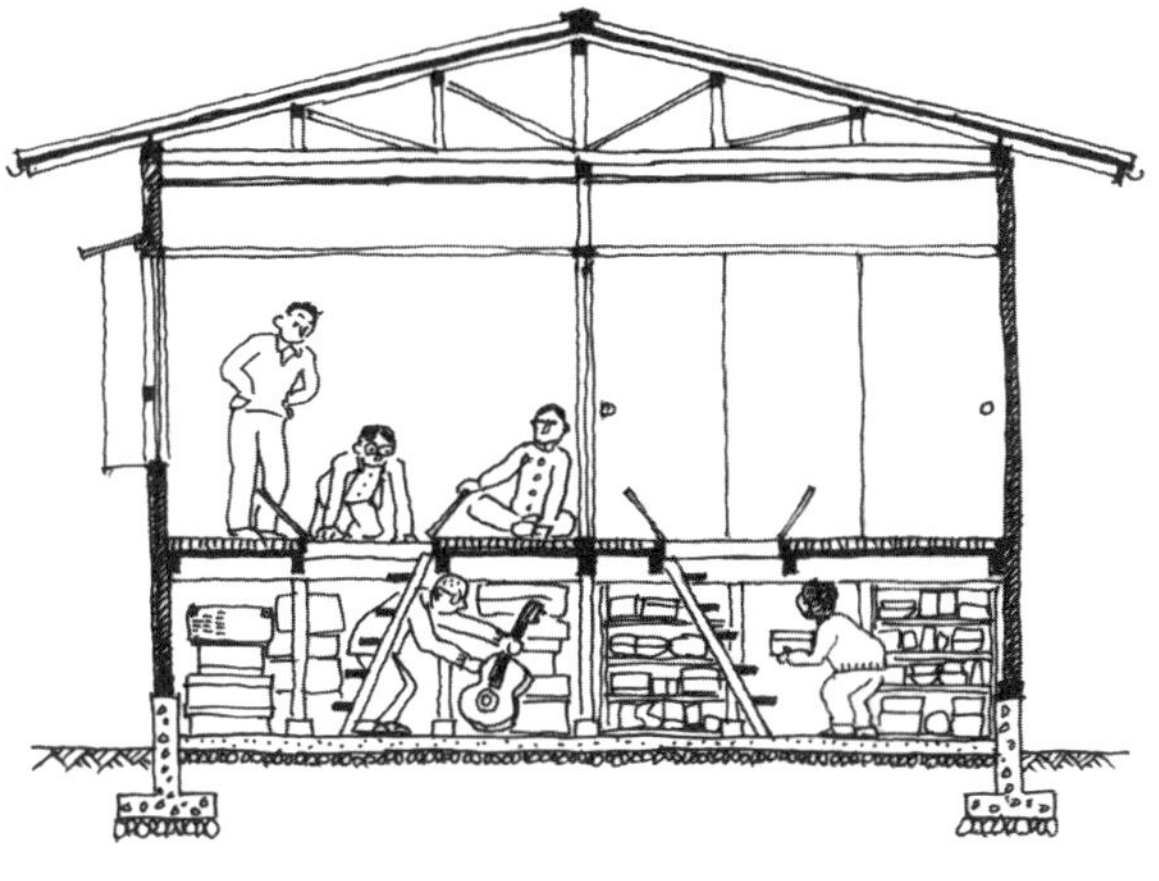

●全面床下収納の家・断面図（左）
床上が生活ドラマ演出の舞台、床下が楽屋裏。日本の生活の秩序を保つには居住面積と同じだけ道具蔵が要るという理論（第1章4「蔵の中で暮らす」）にも合致する嬉しいプランである。

引越しは「テェヘン」だった。四畳半に詰め込んである物を表に出すと、文字どおり「膨張」するのである。小型トラックに目一杯積んで五杯にもなった。

　大学卒業から数年しか経っていないので、引越しの応援部隊——友だちは多く集まる。手がたくさんある。いづれも建築学科の出身だから全面床下収納という設計の主旨は心得てくれた。

「お～い、それはこっちの穴だ」などと叫び合って、蓋の絵図にしたがって放り込む。最後はかなりいいかげんにぶち込んだが、引越しが済んだら運んできた物のほとんど全部が床下に入ってしまった。

　引越し祝いの宴が始まる。広々とした部屋というか内部空間に一同たむろして、酒は酒屋から、食事は寿司屋とラーメン屋から調達。まず湯茶道具だけは当面今晩の用があるので出してあった。亭主のK君大喜びで、酒が入ると例によってギターで一曲弾きたくなった。ギターはマンホール（床下昇降ハッチと呼ぶべきか）の蓋に描かれているギターの絵を探して、友だちが出してくる。

「〽ジャンジャンジャジャーン　〽引越しちゃったのよォ、引越しちゃったのヨオ～」

「〽困っちゃうナ～探しもんたのまれて～、どうしよう～どの穴近いかし～ら」と、たわいもない替え歌に引越しの夜は更けていく。

　私、酔っぱらう前に一言、と皆を制する。

「祝辞にかえて、収納完備のこの住宅での収納生活の作法を伝授しておく」

「おォ！　設計の先生のオハナシかァ」

「ひとつ。床下のモノは必要が生じたときにそれを出してくること。また必要になる確率が高いと思われるモノはそのまま出しておいてもよい」「ただし、事のついでにと、他のモノも出してはいけない。いずれ要りそうだからとあらかじめ出しておくのは絶対にいけない。これだけは守るのだ。これが家の片づいている秘訣だ」「新しいモノは買ってよろしい」「春夏秋冬まる一年はこのルールを徹底して守るのだ」「そうすると、来年の今月今夜、床上に出ているモノが生活を送っていくのに必要十分なモノのセットである」「床下に残っているほとんどのモノはイランモンなのだ。道沿いの庭の端に並べて、ご自由にお持ちください——」ヤンヤヤンヤ。

2 世界一周「玄関」の旅から
——解説員常駐・玄関博物館

収納の空間学では何としても「靴の踏み場もない」玄関から片づけていかねばならぬ。では、玄関とはどういう場所なのか。

◉西欧の玄関構えと日本の西欧型玄関構え

　現代日本の住宅——今どきの住まいは建物全体が西欧モデルに近づこうとしてきた。住まい全体を西欧北国モデルにしてきたから、当然玄関も西欧の玄関とさして変わらない。玄関ドアだけが頑丈立派で、後がヘナヘナということはあるが、とにかく西欧風玄関構えと似たようなものになっている。ただし、内に入ると靴を脱ぐ。その玄関土間がずいぶん狭くなってきているだけに、「靴の踏み場がない」は日本において特異に現象した玄関の一大欠陥である。

　ところで、西欧の玄関構えと現代日本のそれとは似たようなもんだといったが、断然異なっていることがひとつある。このことはあまり気づかれていないようだが、西欧型玄関の扉は内開き、日本の扉は外開きである。ここにふたつのモンダイがある。[*2]

　ひとつ。西欧式の内開きドアはお客を招きよせて、引き込むかたちで迎え入れることができる。日本型の外開きドアだと、ノックした客を押し返すように扉が開く。ドアまで接近してきた客を押し返すのは失礼、というモンダイもあるが、客が玄関ポーチを後方へ下がったとき、ポーチの端を踏み外して、こけて、捻挫したりしないよう、ポーチの奥行きをゆったりとっておく必要はある。

　もうひとつは安全が保てないことで、これはかなり大きいモンダイではある。

　西欧の入口ドアは安全のために内開きになっているのである。内開きドアを押し入ろうとする暴漢がいたとして、これを防ぐには閂《かんぬき》をかければよい。ドアを押して閂を剪断

＊2　収納とはあんまりカンケイないことをお断りしておく。ここは住宅設計一般論オマケ記事である。

力で破断することは不可能である。それでも危なくなれば内側につっかい棒、箪笥・長持（いや、チェスト）その他の重量物を積めば、押し入ることを防止しやすい。外開きでは閂、つっかい棒も効かない。引き開けられるドアを引き戻そうとしても腕力がなければダメである。それと外開きだと蝶番の背が外に出ている。泥棒が、留守と見つけて玄関から入ろうとしたら、丁番の下方のネジ蓋をくるりと回して、芯棒を上から抜けばドアはブラブラになる。それは昔の蝶番で、今はさすがに下ねじは熔接などの工夫をしているんだろうね。いろいろ工夫はあろうが、外開き扉は本当に防犯しようとしても決定打はない。

さて、収納にかかわる話になるが、日本では玄関ドアが外開きになっているから「靴の踏み場もない」にしても玄関に踏み込むことができるのである。これが内開きだったら、内なる靴、くつ、クツをなぎ払うことになる。

◉北国カナダさいはての玄関
——望楼（watchtower）の間

カナダのさいはて、具体的にいえば、アメリカ大陸北方のカナダ、その東北端をも行きすぎた海の中に、プリンス・エドワード・アイランド（P.E.I）がある。周辺は北極海だからシシャモ（柳葉魚）がうじゃうじゃ獲れる。北海道観光で食べるシシャモの大半はここで獲っている。

じつはプリンス・エドワード島には『赤毛のアン』の作者モンゴメリーが育ち、その体験から『赤毛のアン』を綴った家がある。グリーン・ゲーブルス——緑の切妻破風のある家が保存されていて、観光のメッカになっている。私は未完の名著[*3]『世界一周「玄関」の旅』をめざす探検の途上に、グリーン・ゲーブルスを訪れている。

グリーン・ゲーブルスの玄関（主家の出入口）は、まあフツーの（内開きドアの）洋風玄関であった。観光客はプリンス・エドワード島では『赤毛のアン』のグリーン・ゲーブルスさえ見たら渡り鳥のように移っていく。私は住まいの類型学（タイポロジー）を研究テーマに世界を巡り歩く身なので、私にとって保存住居が見所となっている場合は、その周辺のただの住居も重要なサンプル群なのでしばらく滞在を決め込んだ。

＊3　私には未完の名著が多すぎるが、許されたい。似た表題の本『世界一周「台所」の旅』なら既刊の名著（?）がある。本文内広告になって申し訳ないが新書版・角川Oneテーマ21の一冊である。近刊予定の名著には『世界一周〝うつむき加減〟の旅』がある。世界中を床＝フロアの文化を見て歩く旅なので、どうしてもうつむき加減になるのである。世界中の天井比較文化紀行となれば、〝上向き加減〟の旅になるのだが、このテーマは誰かに譲ってもいい。

まずはメイン・シティのシャーロットタウンを中心に徘徊し、だんだん郊外へと足をのばしていく。その辺で気づいたのは「道路に面してすぐ玄関」の家が多いこと。それが家の壁面線からせり出した玄関の間・玄関応接室になっているのが目立った。来客は「洋館」には必ずある風防室で雪を拭って外套を掛け、応接室へ。その、表通りのほうへせり出したはみだし棟の平面は、八角形の半分ほどが壁面線から住まいのほうへ入っている。突き出し小応接という体《てい》である。

その小部屋を見透かすと、必ずといってよいほど白髪の老女の姿が見える。編みものか手芸に余念がないように見える。大きな家が多い。内のほうに居ればいいのに、どうしてはみ出し小応接に出てきているのだろう。

そこで思い出したのは、アメリカ北東端にあたるコネチカット州の、とある村に住みついた日本人から聞いた話である。

「この村の人たち、とくにお年寄りはヒマだし、人恋しい人たちでね。村じゅうの人はみな友だち。そこで、お婆さんのいる家の前を通りかかると、必ず呼び止められる。〝お茶をいれるからひと休みどう?〟〝あ、ちょっと郵便局へ。急いでいるんでまたあとでね〟と、その場を逃れる。お婆さん、大声で〝帰りに必ず寄るんだよ〜〟。それで、用が済んだ帰り道、なるべくお婆さんに見つからないようにと歩いていくと、なんと戸口で見張っているんですよ。もし戻り道の私をとり逃がしたら、その日一日、誰とも茶飲み話ができないままオシマイ。それが耐えられなくて、ずっと入口に立って見張ってたってわけですよ」。

そうか、コネチカットからはずっと北国のこの地、人通りはもっと少ないし、もっと寒いから戸口に立って待っているわけにはいかない。それで見張り小屋・望楼室を母屋からつき出して設けたのだ。八角形の半分近くが身をのり出しているんだから、どっちから人がやってきても見逃すことがない。望楼の小部屋にはストーブがあって、いつでもお湯が沸いている。お菓子も用意してある——。

●解説員常駐・玄関博物館

玄関応接の小部屋はお年寄りの居どころになっているのである。いわば老人室。日本で

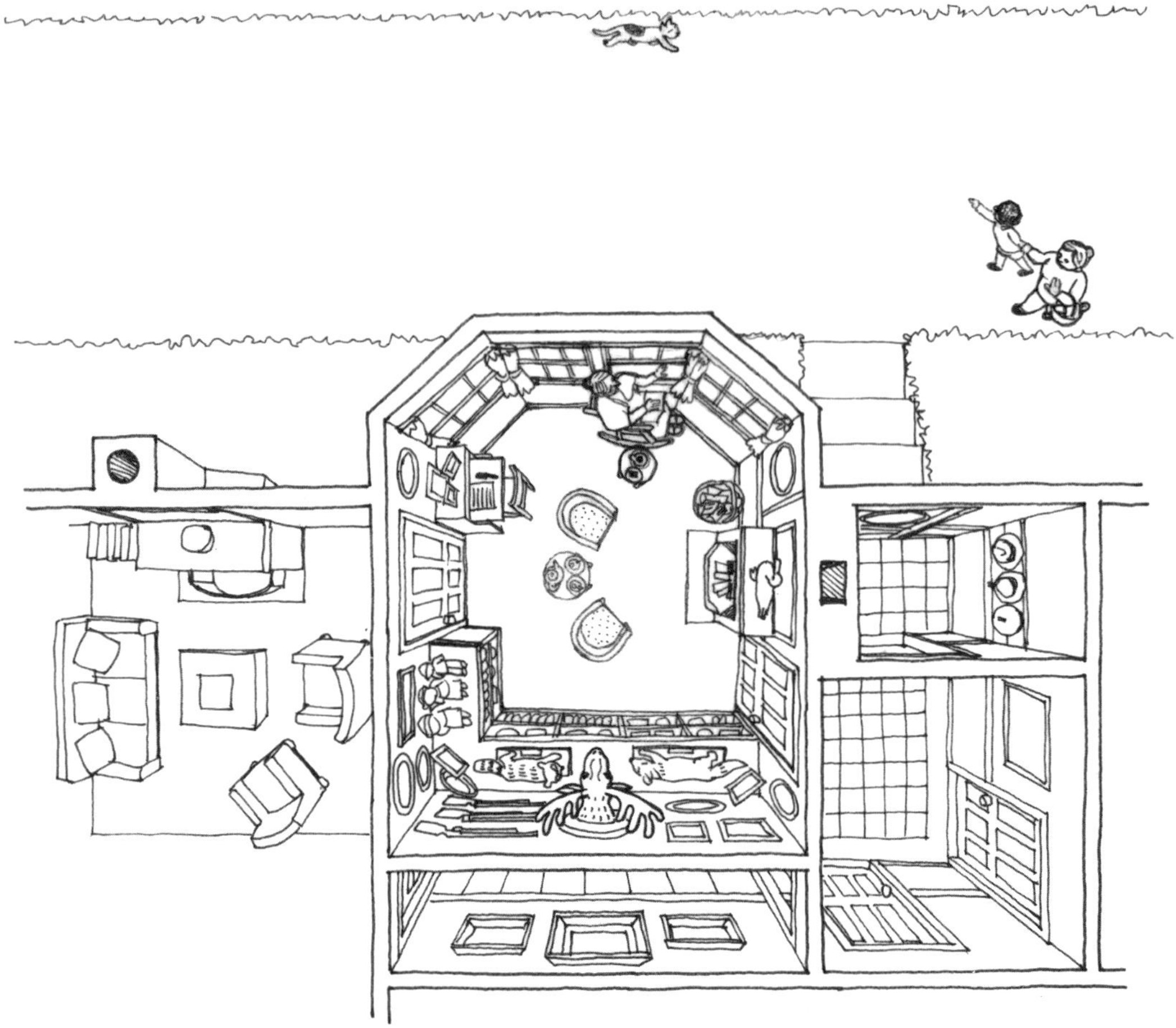

●カナダ東北端「望楼の間」

日本も近頃は高齢化社会で老人室が設けられるようになったが、住まいの奥の奥に設けられて「老人収納（押込み）室」の観がある。カナダ北東端ではその老人室を表に出して玄関番、いや見張りの望楼に仕立てている。そこはおのずから思い出の博物館化する。しかも博物館入りにふさわしい爺様・婆様が解説員、というおまけ付き。孫たちもそこに居たがる、となれば家の文化伝承にも効果する。老人室を表に引っ張り出そう。

は老人室は静かにゆっくりどうぞと、ふつう住まいの奥の奥に設ける。今さら床の間でもないので、ちょっと置床なんか付けて老人室でござい、と平面図表現をしているのを公団集合住宅入居募集チラシに見たことがある。2LDK+S（シルバーの意だが、ストックルームと読むことも――）とあって、老人を「かかえる」所帯は当選率割増しとか。老人収納部屋かいナ、と鼻白んだことであった。

カナダ北東端ではその老人収納部屋を奥から表に移してある。玄関の小部屋に老人が居すわっている。日本の私としてはそれが逆転の発想に思えた。元気老人は忙しくしていたい根性が丸出しになってくる。孤独と退屈がイヤな気性の人たちである。道側に出して見張りに立てておけば、元気が永持ちする。

そして、玄関小応接は日本流にいえば一家の「床の間ルーム」に特化していく。爺さん婆さんは昔語りが好きである。老友が訪ねてきたときの話題にと、家族写真アルバムや「表彰状」の額から家宝の類まで集まってくるので、そこは家族の歴史博物館になる。

爺さま婆さまは彼ら自身が博物館陳列物であると同時に解説員の役も果たす。孫もその部屋に居たがる。家の文化は解説付きで継承されていく。

本書「はじめに」で数え上げた玄関ミニ床の間の「思い出の博物館状態」は、こうすれば位置づけが定まる。玄関博物館である。

収納は分類に始まる。「それ」にふさわしい場所があれば、そこに物は集まる。物は自分で歩いていくのかと思うくらい同類が集まってくる。そうなると、ごしゃごしゃに集まっていても整然と片づいて見える。博物館なんだモンという了解が、そう見させるのである。爺婆《じじばば》も納まりがついて見える。日本流にいうと「高砂や～」の風景としてまとまる、のである。

あ、誰かが道に出てきたぞ、「ヘイ！ 郵便局に行くんだって⁉ 帰りに必ず寄っていけや。見張っちょるけん、逃げるんでねえぞォ」。

カナダの冬は寒い。北国の冬は永い。人影はめったに現れない。雪の結晶は六角形、人恋しさの結晶、人見の望楼は八角形。

3 玄関から住まいを設計する

——玄関と勝手口はまったく異質

今どきの住まい——理想は庭付き戸建て。その「庭」の実態は隣地境界から人の通れる幅を住居の三方にまわすと、前栽（前庭）なり後庭（居間の縁先）にとれる面積は猫の額《ひたい》。裏や横から出入りする勝手口を設けると、軒下の通路幅が要り、猫の額なる庭がますます狭く、子猫の額になるので、出入口は表側にひとつ。「一穴《いっけつ》住居」と私はいう。

その唯一の出入口は玄関構えになっている。お客の専用出入口の格式パフォーマンス演技舞台としての玄関である。だが、そこから買い物にも出かければゴミ出しもする。玄関が勝手口を兼ねているのである。兼ねていると軽くいったが、本来、玄関と勝手口は相反する両極の機能——しきたりに縛られた接客演技かしこまり空間（玄関性＝玄関的性格）と自由勝手ご都合次第（勝手性＝勝手口根性）との、両極をいっしょくたにするのだから矛盾空間である。今どきの住まい、「玄関」の靴の踏み場もない乱れようの原因のひとつは、玄関の「玄関として必要充分な空間がとれていない」うえに勝手口というまったく玄関と相反する機能がそこで重なり合っているせいである。だから、まずひとつしかない出入口を玄関と勝手口のふたつに分けてみよう。それはよっぽど狭小な家でも可能である。

◉玄関と勝手口が並ぶ設計例

まずは、私が身につまされ、かつ多少の優越感を抱くことのできる九尺二間といわれた棟割長屋の例をあげたい。建てられたのは大正時代（一九一二〜二五年）、ところは東京・墨田区の佃島——当時は機械工業の大発展期、埋立地に大工場が林立しはじめ、工場労働者をかき集めて住まわせた棟割長屋が櫛の歯状に棟を並べた。その一軒である。[*4]

九尺二間といったが、実際は十二尺（二間）

＊4　実は私が見つくろって、大正時代の庶民の住まいの例として江戸東京博物館に移築復元して展示してあるので、ご覧いただける実例。

●玄関と勝手口を分けた極小住居

佃島の大正後期の棟割長屋でさえ、玄関と勝手口を厳然と分けていた。分けようとしたら分けられるもんやナァなどと感心している場合ではない。分けることによって生活ドラマ演出の見事な舞台が成立しているのである。

❶玄関口——住宅とは来客を受け入れる備えをいう。客構えがなければ、ねぐらにすぎない。

❷勝手口——勝手放題の自由な出入口。

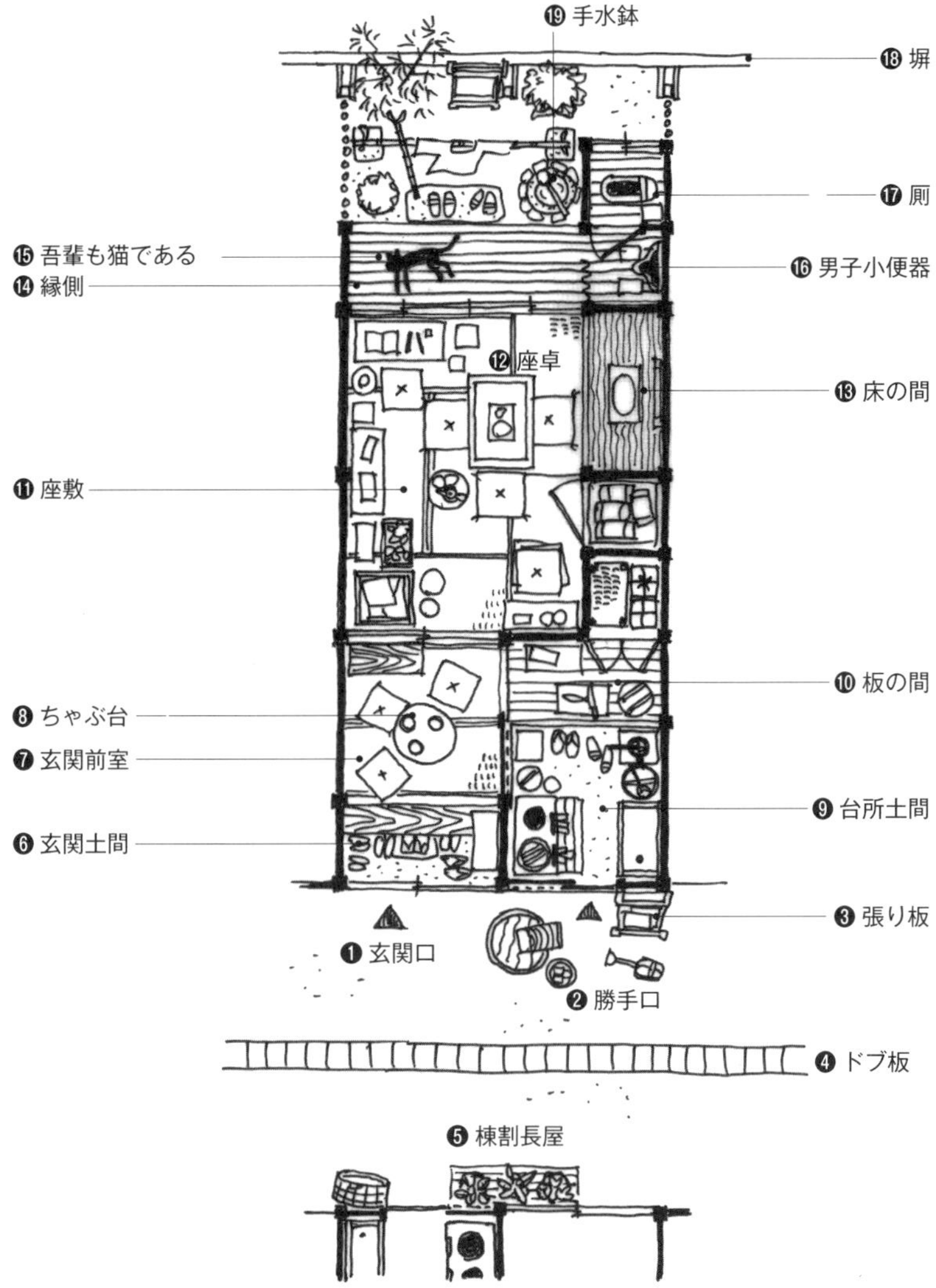

お客以外はここから出入り。現実には台所口。
❸着物を解いて洗って板に張る張り板。
❹櫛の歯と櫛の歯の間の排水溝のドブ板。
❺櫛の歯状に並ぶ棟割長屋の向かいの家。
❻玄関土間——式台、下駄箱、傘立て、帽子掛け、コート掛けまである。靴べらも玄関演技に欠かせない。
❼玄関前室——ふだんは茶の間。子ども十三人だから夜中は夫婦寝室。
❽ちゃぶ台。来客のときは脚をたたんで茶箪笥の裏へ。
❾⓾台所土間と板の間——勝手口を入ると一坪台所に竃、七輪、流し台に汲み上げポンプ。料理は土間と板の間で。
⓫座敷——床の間があれば広くても狭くても座敷である。ふだんは子どものプレイルーム、夜は寝室。⓬お客様に一献差し上げる座卓のスペースがようやく残っていた。
⓭九尺二間ならぬ一二尺四間でも床の間がなければ家ではなかった。
⓰⓱厠（かわや）——雪隠（せっちん）とも。大便所・小便所に分かれ、小便器朝顔は男子の象徴だった。チンチンの届かぬ男の子は煉瓦の上にのって、男らしく放尿。
⓲塀——子どもたちは来客があると、塀を乗り越えて逃げ出した。

×四間、八坪の住戸。櫛の歯状に並んで向きあう棟と棟の間は、それぞれの棟側に五尺のタタキ（路地）があって、真ん中に向けて水勾配がとってあり、真ん中には溝（ドブ）が走っていて、台所からと路地での洗濯などの排水が流れ込んでいる。私は「お客さま」となって、その路地に入っていく。

佃島の棟割長屋に地方から集められた住人は、住まいこそ狭小の極みだが、貧民ではない。田舎の故郷から東京さ出て行った者とはいえ、故郷ではいっぱしの家から出ている。「東京さいぐごとあったれば息子が所帯かまえてるげに、たずねてやっておぐんなって（ナニ弁だい）」などといわれて、親戚でもない村の衆まで訪問にくる。手土産もってくればお客さまである。それ相応にお客さまとしてもてなして帰さねば、「故郷で村の人だちにどげんなこといわれんともかぎらんで」、九尺二間、いや十二尺四間長屋にも「玄関」がなければならない。

路地に面した間口二間の、左手一間は引違いの玄関格子戸。右手の一間は半分壁にした半間の片引きガラス戸で、こっちは勝手口。勝手口を入ると、一坪台所土間に片や二穴の竈に七輪、漬物樽、片や流し台と汲み上げポンプ。奥の上がり框上は一畳の板の間で、台所道具、米びつ、乾物箱などでいっぱい。

さて、私（お客さま）は左手の格子戸を引く。一畳分の土間に立つ。その先の二畳の玄関前室は普段は卓袱台《ちゃぶだい》を置いた茶の間に使っているが、今日は「お客さま」だから卓袱台は脚を折って、茶箪笥のうしろに転がし込んで、「お座敷前室」に豹変。

子どもは当時、子だくさんだったが、この家は子どもがなんと十三人だった。それが皆「お客さま」が見えると、お座敷前室・二畳にズラリ並んでご挨拶して引っ込む。

「お客さま」は二畳の間で家人と交互に畳に額をこすりつけてのシーソーゲームを続けた後「まあ、奥の方へどうぞ」と六畳へご案内。六畳は決して片づいてはいないが、床の間の前二畳はなんとか畳表が露出している。そこへ座卓を出して、お客を床前に座らせ、酒肴の一席。ここまでやらないと「お客として迎えられ、もてなされた」ことにならない。

一畳分の土間と二畳分の前室が「玄関構え」であり、その隣の台所は一坪の土間と一畳の板の間。家の者のほうは台所にいた主婦が手

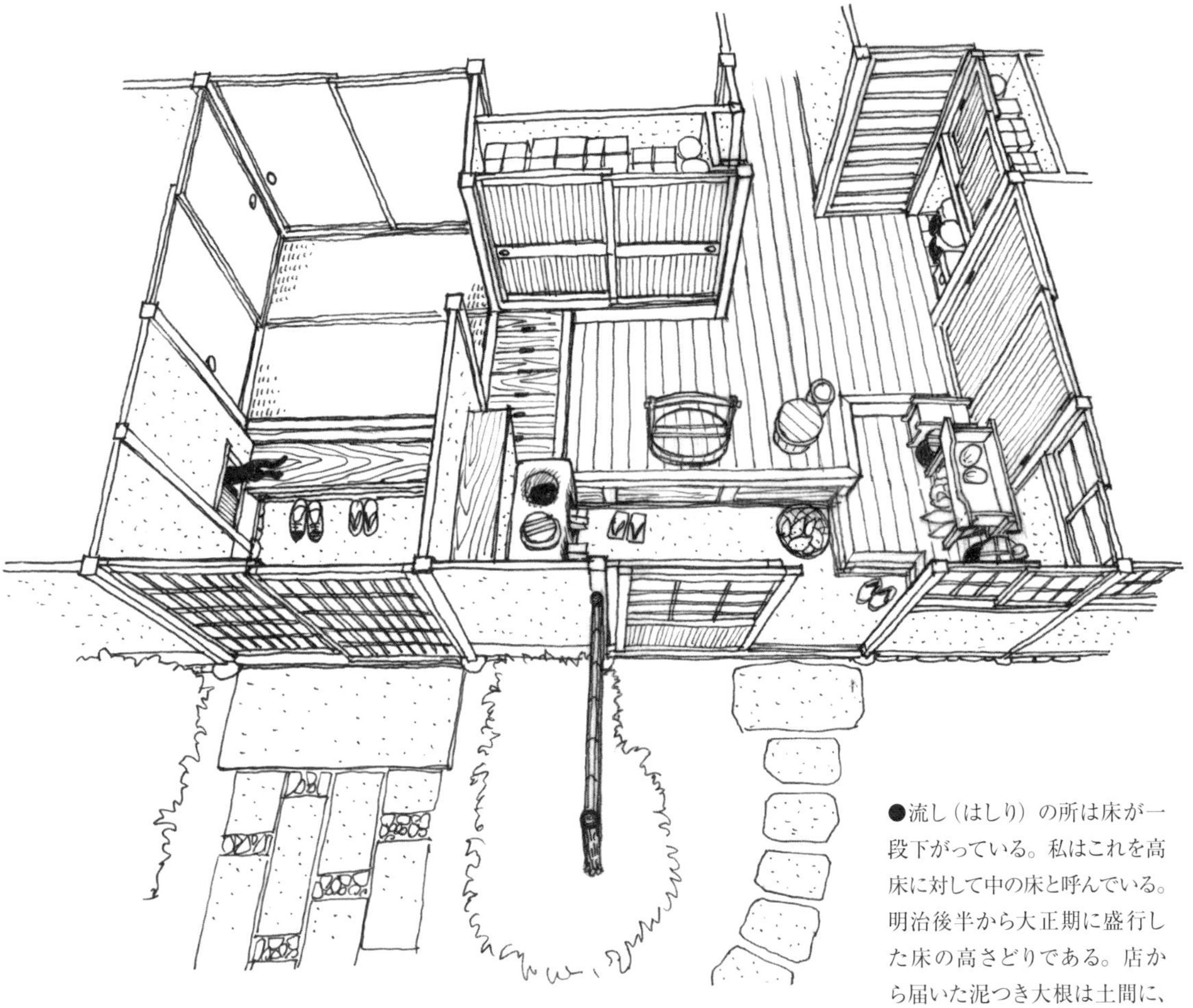

●流し（はしり）の所は床が一段下がっている。私はこれを高床に対して中の床と呼んでいる。明治後半から大正期に盛行した床の高さどりである。店から届いた泥つき大根は土間に、洗った白菜の束は中の床に、刺身は高床の上に置かれた。床の高さで物を棲み分けさせた工夫である。

●夏目漱石・千駄木寓居——玄関と勝手口

明治〜大正時代の中級住宅では玄関と勝手口をいっしょくたにするなんて、吾輩である猫もあきれる寓居であった。玄関と勝手口を分けることで、楽屋裏と舞台が画然と区別され、玄関が靴の踏み場もない乱調から免れられた。右端は風呂場、右奥は女中室、中央奥は水屋厨子、左端は「ガラス戸の中」なる漱石の書斎。そこに出入りする吾輩のくぐりに注目されたい。

●床下収納・揚げ板——「明治三七年、ある小春日和の夜、吾輩は台所に巣喰う鼠どもを今夜こそ退治するぞと決戦にのぞむ。戸棚の口から弾丸のごとく飛び出した者（鼠）が吾輩の左の耳へ食いつく。護謨（ゴム）管のごとき尻尾をくわえながら左右に振ると尾のみは前歯の間に残って胴体は壁に当たって揚げ板の上に跳ね返る……（後略）」（『吾輩ハ猫デアル』）。

この「揚げ板」って何だ。台所から玄関前室へ出る引戸前の台所床がそれ。まん中の爪掛かりの彫り込みに爪を掛けて板を揚げる床下収納庫。冷蔵庫のなかった時代、日が射さず、風は通って涼しい冷暗所に食品を収蔵した。味噌、漬物なども床下。揚げ板から出される保存加工食品が「おふくろ」の時代の和風の味を支えた。

を拭き拭き二畳に出てきて「お客さま」を迎え、奥へ「お客さまがお見えですよ」と亭主に呼ばわる。

これが勝手口と玄関とが一緒くただったら「どうもならん」。家人のいる勝手とお客さまの入ってくる玄関とが並んでいるのは、動線からみても非常にうまくできている。台所で盛りつけて、膳椀を六畳に入る二畳のほうの襖のもとに置いて、襖を開けて一礼して、それらを捧げ持って床前へ、などは料亭の仲居さんのパフォーマンスさえ彷彿とさせるほどキマッている。こうして勝手口と玄関の並んだプランニングは狭小八坪の家でも可能、というよりかえって具合がいいことがわかった。空中アパートの場合、勝手土間をズイーッと裏のベランダまでつなげばベランダが活きてくる。

え？　十三人のガキどもはどうした？　座敷の方へ引っ込んだ——その足で縁側へ出て、塀を乗り越えて近所の家へ逃亡、行った先の家で遊んで、夕飯を食べさせてもらって、斥候《せっこう》から「お客さん帰った」の報告を聞いてから家に戻ることになっていた。

中流の戸建て住宅クラス——も同じようなことだが、たとえば『吾輩ハ猫デアル』の夏目漱石、いや苦沙弥先生の寓居がその一例。

玄関は間口一間、両袖壁の間に引違い格子戸の構え。台所もこれと並んで間口二間だが、玄関へは門からまっすぐの石敷き。途中から勝手口への別れ道ができていて、玄関と勝手口の間には袖垣が出ていた。[*5] 魚屋が届けた刺身は勝手口から入って、玄関の上床パフォーマンス空間を通って客間へと運ばれる。これもプランニングは上々の出来である。

これで、「玄関」のほうのモノの混雑はよほど救われる。玄関としての景観の秩序は保たれるのである。

◉玄関とは何か
——家人の出入口にも玄関性はいる

玄関とは客人を「お客さま」として迎え、送る演出空間であった。その昔、交通至難の時代、遠方から来た人は皆まろうど（稀人《まれびと》）であり、異界の人、神がかった人、神格をおびた人であり、玄関の本質は神迎え、神送りの儀式を演ずる舞台であった。玄関は舞台空間であることが本質だから生活者の出入りの

＊5　明治村に移築復元してあるので行ってみることをおすすめする。明治村の移築復元では袖垣の復元までは省略したようである。

便利はもともと考えられていなかった。

げんくゎん――玄妙なる法門の義。幽玄の道の入口。修道の道に入るに心改める玄妙なる関門（『大言海』ほかによる）。禅僧栄西が建仁寺に建てたのが初め。転じて武家居宅の入口に式台を設けた入口。それが文明開化以後、武家転じて官吏となり、その居宅に式台を設けたややいかめしい客用出入口として設けられ、庶民の民家に上流志向のステータスシンボル（地位の象徴）として設けられるに至る。生活上の出入りに不便なのは当然であり、勝手口がなければ住まいは成り立たなかった。その玄関の設計を変更せず、勝手口にも用いようとしたところが狂っているのである。ただし、日常家人の出入りにも玄関的送迎の演出はほしいところがある。

たとえばお父さんのご出勤――今日も一日のお役目（お勤め）ごくろうさま、いってらっしゃいまし、おかえりなさいまし、と三つ指をついて送迎。子どもが「がくかう（学校）」に行くにも「登校拒否」なんか考えると、そういう気持ちはもってよかったのではないか。いよいよ上級の学校への入試の日なんか、ただ勝手に出て行かせるよりは、玄関で三つ指どころか五つ指ついて、頑張ってねと送り出したい親心。外に出るにはそれなりに心ヒキシメ、戻ってきたらリラックス、生活のけじめをつける演出舞台はあっていい。

要は住まいの出入口、演出空間としての玄関と勝手放題勝手口の二種の構えが要るということ。もうひとつ、人の出入りに連れて物も出入りする。実は今どきの住まい、玄関に気を取られて物の出入りという設計の視点が脱落。出勤・訪問にお出かけ・ご帰館、買い物に出て戻る、遊びに出て帰ってくる、それぞれの人に連れて出入りする物の行き場・置き場も住まいの出入口の重要な設計要件なのに、その視点がすっぽり抜け落ちているとは、どげんしたことか。それでは以上の要件を含めて、人と物との出入りする住まいの出入口のタダシイ設計方法を考えてみよう。

◉玄関は変装室

本書は靴の踏み場もない玄関をなんとかすることから出発して家の中全体を片づけようとしているのだからまず靴を片づけよう。

その前に忘れるといけないので傘を片づけ

ておこう。傘はいったい何本要るか。この際、持物調査データは傘の置場もない歪められた玄関での実情だから無視する。むしろ雨の日の文化として傘の彩りを豊かにするためには何本くらい要るかを考えよう。

紳士用、婦人用、柄物は色柄違いをいろいろ用意しなけりゃ雨よけにすぎず、文化じゃない。服装によって行き先によって傘は持ち替えたい。土砂降りの時は大きい傘がほしい。小雨には小さなのが手軽でよい。降るか降らないか、わからないとき念のため小さく折りたためる軽い傘を鞄にしのばせる。日傘、スポーツ傘、二人入れる相合い傘は東京原宿竹下通りでさして歩けば面白かろう。フランスはリヨンで買った肩かけベルトつき、ドイツはミュンヘンで見つけたいかにもドイツ的な肩ひじ張った傘も青山あたりでさして歩きたい。ゴルフ場で通勤用はしらける。こうしてみると傘はだんだん増える。一家四人で六〇本、で手を打ちたい。これは玄関上部の小壁に展示収納したらいい。昔の民家・町家では唐傘、番傘を小壁に並べていた（六九頁参照）。

靴も今どきの玄関状況に縛られた実情データは無視、少なくとも今どきの腰高靴入れに納まる量では靴を文化的に穿《は》き分けるわけにはいくまい。和の芸道をたしなめば和服になり、下駄、高下駄、草履《ぞうり》、雪駄《せった》など和の履物が一列増える。傘・下足の収納室がいる。

着物――和洋服、通勤着からレセプション用ブラックスーツといろいろあって、シャツ、ネクタイもついてまわる。それを全部二階寝室にというのはヘンだし、無理である。玄関脇に外出用変装室を設けよう。そう、靴や傘も変装具だから変装室の出口側に。通勤鞄の置き場？　居間に持ち込んで仕事のつづき――はヤメタイ。変装室に放り込め！

変装室の出口側のもう一方のコーナーには鞄類と懐中小物、眼鏡までの「武装コーナー」が要る。亭主「今日は社員を集めて訓辞を与えなければならん。それにはこのキラリとしたメガネだな」「今日はプロジェクトチームを懐柔する飲み会を用意している、やわらかいまなざしは――このメガネ」。

ご婦人にもメガネ作戦はあろう。私、じつは「今日こそあの男をオトスためにブラウスからハンドバックからメガネも選んできたのヨ」という会話を電車の中でキャッチしたことがあった。怖いことダァ。そのための変装

●変装室

生活の場が片づくにはバックヤード（楽屋）がいる。建築面積約一〇〇㎡、1LDK+S。

まず❶は式台のあるパフォーマンスコーナー、つまり玄関だが、関西風に「げんか」としてみた。❷がGENKAに対する勝手口だがFE＝Free Entranceといってみた。❸送迎パフォーマンスには目線を低くしないとサマにならないので床坐式の床を設けた。実はこの二畳、和服の着付け室にも使う。和服の着付けにはタタミでないとどうにもやりにくいからである。

❹❺履物、傘をはじめ装身具から鞄、ハンドバック、忘れな盆など小物類もここに。変装、武装の場であり、ご帰館の時は武装解除の場。

❻❼は洗い場。洗濯室、だが顔も身体も洗う。お尻も洗う。身体を洗うのと芋や大根を洗うのとは同じことだから泥つき野菜の洗い場といっしょくたに。

❽湯に浸かりたい？　それは精神の恍惚と心のリフレッシュ。それなりの空間と景観もいるので、ベランダに。

❷に戻る。フリーエントランス（勝手口）には買い物カートなどは勿論だが、野とつながる食材や遊とつながるアウトドア・ライフ用品（これが意外とある）を収納。ここをケチると、ここに寄るべき物が各室に放浪を始める。

❾勝手口土間の先を通り土間（にわ）

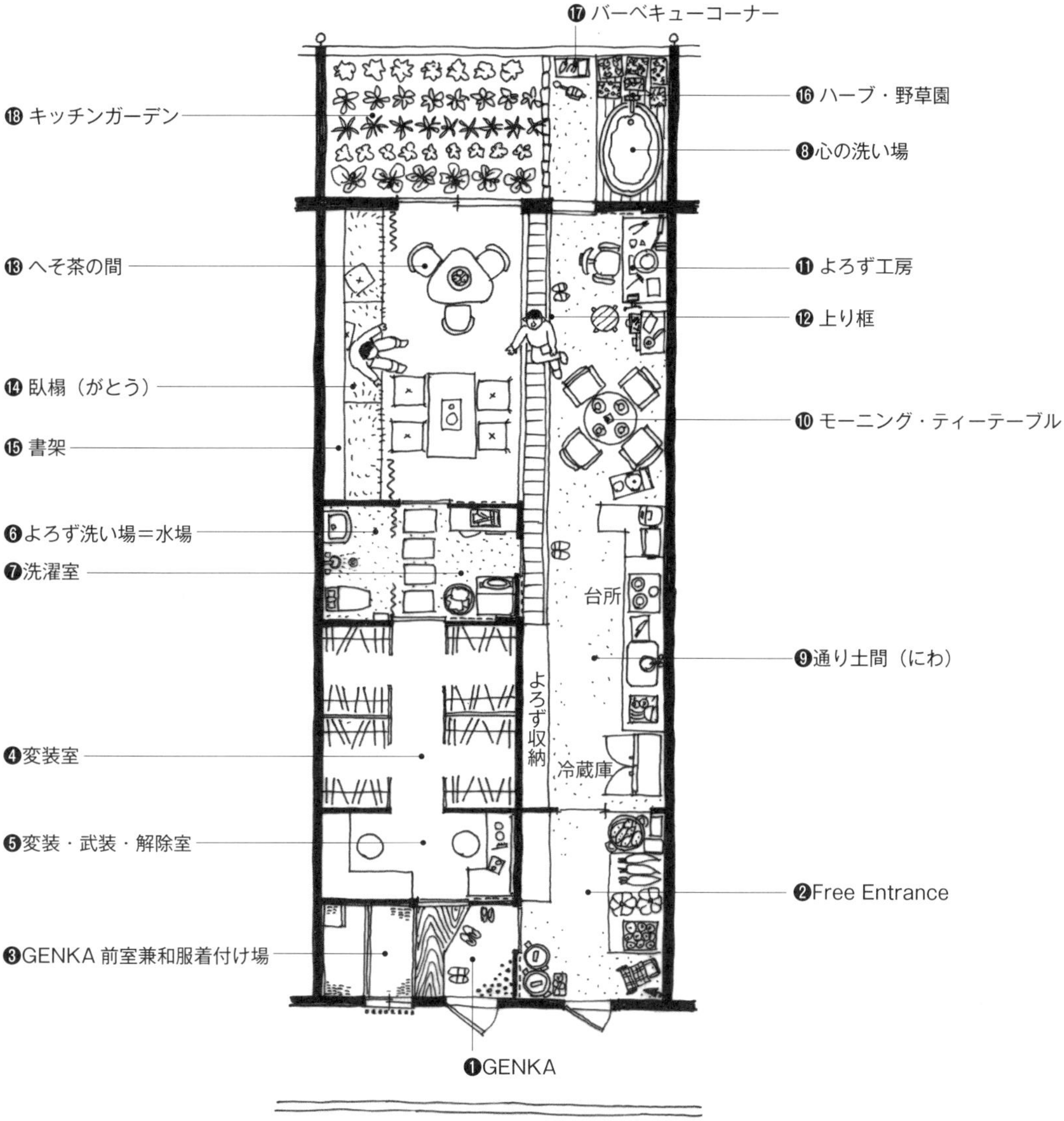

にしてベランダまで土足で行けるようにした。当然台所は土間台所。❿ついでに食事も土間の椅子テーブルで――純洋風といってよい。⓫自分で何かをつくる工房はやっぱり土間でなくちゃね。⓬上り框と踏み板、ここが高床坐起居様式をとる日本人にとって、たいへん楽な体位のとれるところ。

⓭家族がナンヤカヤと集まってくるへそ茶の間。変装室を充分に成立させたせいで当然居室は広さが削減されたが、それでいいんじゃないか。限られた建築面積から各室を切りとったら残りがなくなって変装室がつくれない。そこで変装室に居るべき物が各室に流浪してきて不法占拠――例えば寝室の洋服箪笥にオーバーコートといったことになるのである。

⓮寝台にもなるのだが、腰掛けられる一段高い床、臥榻（がとう）を設けた。カーテンを下ろせば閨房にもなる。⓯上部は天袋書架。⓰心の洗い場からの眺めには観葉植物もいいが、ハーブ、薬草園にして風呂を薬湯に。⓱バーベキューコーナー。といっても本当の目的は火味にある。秋刀魚（さんま）はやっぱり備長炭の遠火の強火でなくちゃね。秋空には一面の鰯雲。

秋刀魚焼くけぶり昇りて鰯雲

室。これで家の中はずいぶん片づいた。

さて、変装して外出、の戦果はともかくとして、ご帰館となれば玄関で靴を脱いで、リビングで鞄を放り出し、ネクタイ解いて、背広を椅子の背にかけて——というのではなく、変装室へ入って変装解除、この靴はしばらく履かないから手入れをして仕舞う。明日は鞄も変えるからと武装コーナーで鞄の中味を移し替えたり。背広はブラッシングして掛け、ネクタイはハンガーの列に戻す。そして、部屋着に着替えて変装室からリビングへ出て「ただいまァ〜」。

◉玄関が完璧に設計できたら
——住まいの設計はほぼ完了

いや、ただいまもいえず、無言でとび込む所——トイレ。お出かけチェックでも、といれトイレ。農家では出入口のわきに便所がついていた。あ、もひとつ肝腎なこと、忘れていた。変装室には化粧コーナーがいる。化粧＝化装。少なくとも髪を整え、また姿見鏡での全身チェックもいる。シャンプー(朝シャン)も化粧の一部、そう、朝シャワー、朝風呂も変装の下地づくり。で、帰館したときは化粧解除も必要だし、シャワーをさっとひと浴び、さっぱりしてから部屋着を付けたい。その入浴の間に「脱いだら着ない」下着、靴下は洗濯物籠へ放り込む。下着箪笥は寝室にある必要はなく、変装室へ。なんだか変装室以外の住空間は食う、寝る、遊ぶだけの場所に純化されてしまったようだ。

玄関土間にはアウトドア・ライフの用具・用品が集まって、靴の踏み場をなくしてしまう一因となっている。スポーツ用具、ガーデニング用品、庭でバーベキューの火の具、キャンピング用品も変装室の延長上に設けておくと、玄関が片づく。しかし、である。これだけの外出用品、屋外用品の収納整理・見つくろい、着替えのスペースは相当の面積、体積がいる。キッチン、ダイニングはなんとかかとれたが寝室までとれなかったりしたら——玄関で寝るしかない。これじゃまるで玄関番じゃないか。ご予算の都合でそうなるのは止む得ないとして、変装室は天井まで立体三次元収納ができるし、片づくように設計できるから、住戸全体としてみれば、建築延面積の有効活用になるはずである。

4 ダイニング玄関の家

——二一世紀日本型住居提案モデル

「履物収納をテーマに玄関を設計しました」——そんな表題で住宅雑誌の収納特集のトップグラビアを飾ってもいい（と私が思う、けれど住宅雑誌編集者は思わない）新築住宅の設計例があった。

その住宅が建っているのは農村地帯のどまんなか。家業は今も農業であり、これからも農業。実は建築主のご子息、一度は都会へ逃げていったのだが、結婚して子どもができたら、会社勤めじゃ夫婦共働きしても狭小アパートから脱出するメドはたたない。フッと故郷を思い出す。都会からそう遠くもない田舎育ち。

〽兎追いしかの山　小鮒釣りしかの川
夢は今もめぐりて　忘れがたき故郷
（文部省唱歌・大正三年）

あの自然のなかで自由に遊んできた子ども世界に、二一世紀を生きる自分の子どもたちは育ってほしい。

若い夫「都会に憧れて出てきたけんど、いなかさけ〜んべえよ（帰らないか）」

同郷のヤングミセス「そんげ〜だいね〜（そうですね）」

故郷の父母（熟年末期）のほうからも「けえってこ（帰ってこい）」とずっといわれている。田畑はある。農業人口が減ってきてるだけに、働く手さえあれば資産はつくれる。都会の消費一方の生活じゃ稼いだだけ出て行って、な〜んも溜まらん。「けえんべ〜かね」（帰郷しようか）というようなことを田舎へほのめかしたら、親父、生涯の歓びここに尽きるとばかり「そりゃええんべがね」と歓んで、若けえもんの住める家さ建てんべと、農協に貯めてあったひと財産をおろしてきた。

故郷の家は茅葺き民家で、屋根はもう腐ってところどころ大穴が空いていたし、茅手《かやて》（屋根葺き職人）は少なくなったうえに材料も乏しいから文化財になったんだげにかかりきりで、廻って来ん。内はほとんどが土間で上床《うわゆか》の方は戸襖ばっかで間仕切りもねえ（無い）。都会からはぎりぎり許せる通勤圏の外れだから宅地開発が始まって、都会人の住める今どきの家がどんどん建っている。あそこやってる大工——いや、工務店に似たようなん建てさすべい。

◉玄関だけは特別広くせえや

親父、近くのニュータウンとやらの家を見に行ったら、なんやちまちましとって、総二階で、あれはたまらん。うちは土地がいくらでもあるけん、平屋にすべい。どの家もちっこいくせして玄関だけおうぎょうでな、その内土間はせまっ苦しゅうて靴の踏み場もねえ（あ、これは私のコトバだ）、ま、そ〜ゆ〜ことをゆっとった。だだっ広い土間しかねえよな家に住んどっただけに、こりゃねっから（ぜんぜん）がまんなんねっつうもんだがね（というものである）。大工にゃだいたいこげんふうな家にしてな、玄関だけは広くせい。上り（框）んとこをな、ぐるっとまわして、土のもん（土のついたもの、アウトドアにかかわるもの）はみんなその下に押し込むようにしとけ、とだけ注文つけたっつうもんでなあ。

そうしてできあがった「玄関の広い家」を私は縁あって拝見におよんだのであった。玄関前は車が通れるポーチの平屋根があって、六尺（一・八m）の引き分け格子戸があって、内土間は一間半四方、丸々四畳半の土間だった。それに上り框がまわしてあって、上は半間の板縁《いたえん》になっている。土の物を押し込む縁の下は延べ間口六間一〇・八mもある。

これだけあれば片づくなあ、と覗いていると、親父「あ、靴脱いで、そこは草履つっかけてへえってておくんなせえ」。

玄関ポーチの外で靴ぬいで入るたぁ（とは）新式だ。理由はすぐに読めた。内土間の床の舗装が深い黒の、高級硯《すずり》のつくれそうな頁岩《けつがん》の平石磨きを突つけ（目地なし）で貼っている。素晴らしい床だ——が、ここは農村地帯である。ひと雨くれば地べたは三日もぬかるみ、ぐずつく。舗装道路も田畑に入るクルマが泥をあげているから誰の足も土（泥）はどこまでもついてくる。郵便屋や保険屋がヅカヅカと玄関に入って出ていったら、その足取りのまんまの泥の跡がくっきり残る。硯石を敷いたようなまっ黒くろの床面は、水をじゃんじゃん流して洗い直し、磨き直しである。これはたまらん、と玄関の外に上履き草履を用意したのである。

◉勝手口つけ忘れたで——風呂場から入る

この家、宅地開発ニュータウン住居をモデルにしたせいで勝手口がない。建て主も都会の息子夫婦も、それに気がつかなかったのである。建て主は土間ばっか（ばっかり）の民家に住んでいたから、どこからでも入って、どこからでも出ていっていたので、勝手口なんて意識がない。都会の息子のほうはアパート住まいだから玄関を勝手口にもしているので、平面図を見たとき、玄関をアパートの出入口と同じと見てしまった。家ができたら、玄関は舗装が豪華すぎてこりゃあ勝手口には使えん、困ったナ。——ま、キッチン近くの縁側がだんだん勝手口になっていった。

さて、外出（通勤や野良仕事）から戻った家人は、玄関から入るわけにはいかない。縁側からご帰館というのは、野良から帰ったときはまだいいが、村の寄合いその他外出着で変装しているときはちっと妙だ。家人はいずれも泥足でご帰館なのだが、しぜんと建物のウラへ廻るようになった。

ウラには勝手口ではないが、住まいへの出入口がひとつあった。バスルームの前の脱衣室から外にある風呂の焚き口へ出る戸口である。今どきは風呂焚きなんかはせん（しない）。今やどこんち（どこの家）もガス焚きで、プロパンでもバスタブの脇から遠隔操作。

だが叢林をもっている農家では焚くもんがいくらでもある。なのにメーターのついとるガスっちゅうもんは爺《じっ》さま婆《ばっ》さまの気にあわん。メーターのついとるもんは金《かね》が燃えとるとおんなしで費《ついえ》になるのが気が気でね〜よ、しょうぶんだいね（性分だよね）。そいだけのこんで（それだけのことで）、ま、生活習慣というか、日ごろやってたんじゃけ、焚き口つけとけば、といっただけなのが、家全体にみればふたつ目の出入口じゃけん（であるから）立派な勝手口に成り上がったっちゅうもんだべねえ。

家人が帰ってくると、みんな泥足だから風呂の焚き口用出入口から泥靴ぬいで、持ってあがって、風呂場でじゃあじゃあやって、脱衣室の出入口側の棚に並べる。足洗うついでに、脱衣室は洗濯室を兼ねているから下着も靴下も洗濯籠にぶち込んで、身体にもシャワー浴びたりバスタブに身を浸けたりして、下着の棚からいろいろひっぱりだして、浴衣も重ねてあるのを着て、湯上がり姿でリビング側の戸をあけて「ただいまァ〜」。

お客——といっても村の連中はみんな知り合いで、ガキの頃からどの家もいっしょくたにしていっしょに暮らしてたようなもんだから、ひとんち来ても客なんてもんではない。焚き口から土足を洗って、干しといて、リビング入口から「こんちわ〜」。ひどいのは足洗うついでにシャワーして、湯上がり顔で「こんちわァ〜」。こげんことさ、やるんじゃったら屋根出しとけばよがったべなあ、と親父。風呂焚きに外へ出るなんざふつーのこんでまいんちあんべいいんべよ（毎日塩梅がいい）。

●玄関がダイニングキッチンで応接間が……

さて例の玄関だが、土間の舗装に入れ込みすぎて（そのまっ黒くろの硯石敷きがなァ、目ん玉飛び出るほどかかったもんだいね）、使いもんになんなくなって、おはいんな（お入りください）もいえんうざってえもんになったげ〜、困っちまったもんだが、そのうち、うまい使い方が始まった。

土間住まいだった古民家の延長で、玄関土間をまるまる四畳半とった、土の物の行き場がのうてはと縁を廻したのが効いてきた。なんやかやと村のもんが寄ってくるのだった。みんなの家はもうたいてい玄関の家になっとる。構えは立派（すぎるの）だが、内土間ぁ狭っ苦しうて居られんし、上に上がり込むのはよそんちじゃけ気がすすまんしで近寄らん。また土間住まいのくず家（茅葺き民家）のほうはだだっ広うて寒々してて、ながく居られん。ところがこの家は玄関じゃなくて土間があって腰掛け（縁側）が廻してある。夏日はティーテーブルを三台置いておくと手がのばせる。冬日は真ん中に大火鉢おいて酒の燗つけながら「おでん鍋」から取っては食い、取っては食う。おでん種ぐれえは手土産がわりにこの村の道ばたにもあるコンビニ・スーパーで誰かが幾袋も買ってきて足しておく。

じつはこの大玄関に縁側をつけたのは土間の片側に応接間をつくってあって、土間縁側

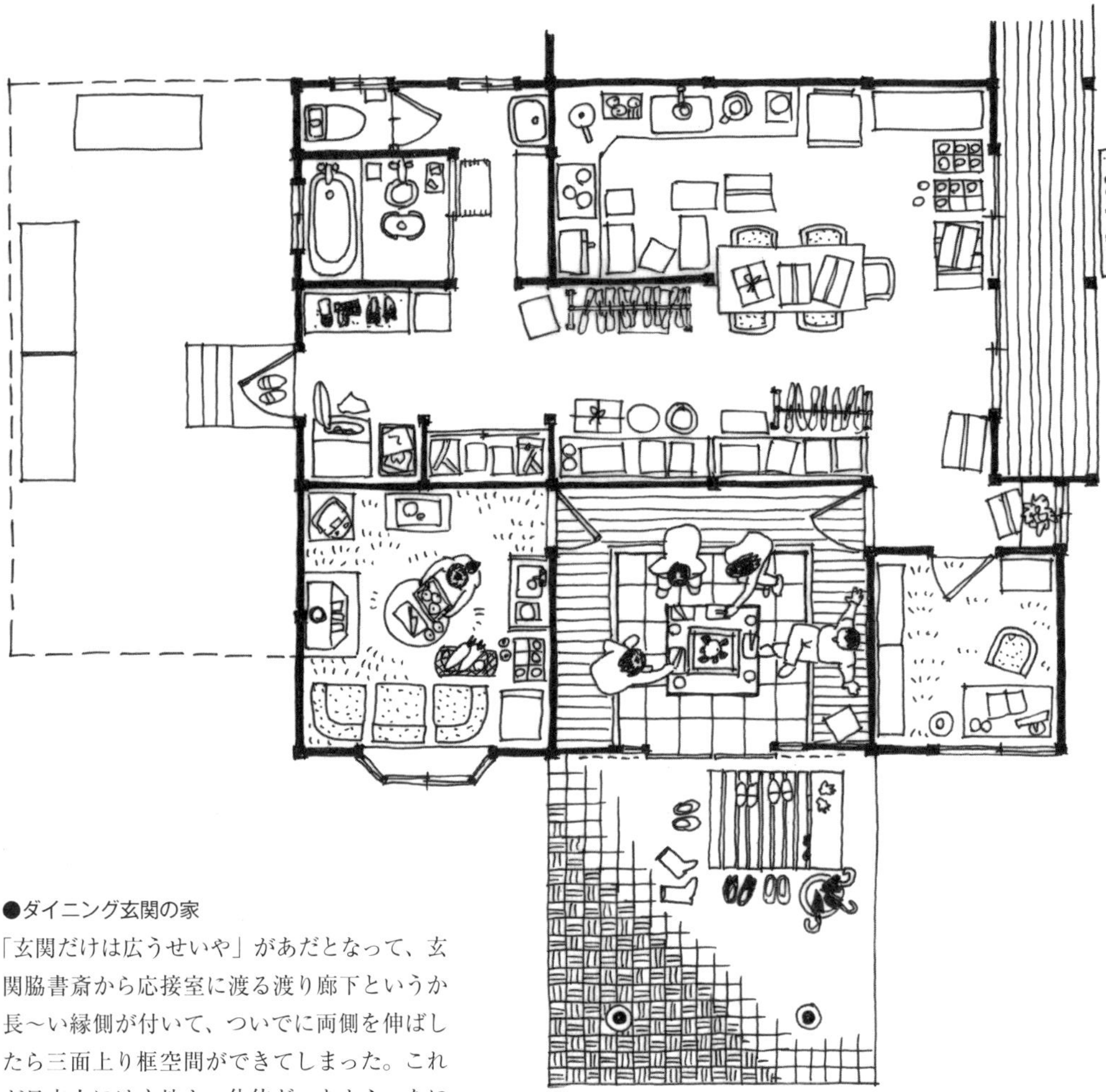

●ダイニング玄関の家

「玄関だけは広うせいや」があだとなって、玄関脇書斎から応接室に渡る渡り廊下というか長〜い縁側が付いて、ついでに両側を伸ばしたら三面上り框空間ができてしまった。これが日本人には心地よい体位だったから、なにくれとなく人が居ついて、ねっから帰りたがらんつうもんだなあ。

の一辺は玄関脇書斎からの渡り廊下のつもりだった。コの字の縁側の二辺はそのついでに伸ばして床下収納を増やしたんだった。ところが土間にコの字の縁側の居心地がよくて、寄り合う村人で応接間に上がるのは一人もいなくて、ついに応接間は大玄関居酒屋の料理や酒の支度場になりさがってしまった。

そのうち爺さまと息子は誰あれも来ない日も夕方からここに居ついて、誰か来んかいなァなどといいながら酒肴を用意させては平らげている。婆さまと嫁もシステムキッチンと洋風モダン食卓がやっぱり肌にあわんで、ついつい応接間の応急台所で飯を炊いちまってる（といっても炊飯器のスイッチ、ポンだが）。

結局、当初のモダン住宅・現代文化住宅の完璧周到各室間取りは形骸と化し、玄関がオープン・リビング居酒屋、囲炉裏端食事室となり、応接間がそのためのサービスキッチン兼食品庫兼酒蔵と化し、浴室・脱衣室・洗濯室が多目的勝手口に昇格して、キッチン・ダイニング・リビングは空洞化してしまった。

今どきのゴマンとある建て売り、売り建ての住宅のプランニングは、いってえどげんな生活の仕方ば考えとるんだべか。な〜んも考えとらん――のではないか。生活設計がないんである。一歩譲っても架空の生活を描いとるだけじゃ。プラン見せられるほうも、な〜んもわかっとらん。ま、設計の先生が考えてくれはりよったもんじゃけ、と承認印を押してから、平面図を指さして、こげんとこさ自動車とめてええんべかね。――そりゃだんさん（旦那様）バスタブですがな、風呂桶フロオケ。しろうとさんの図面見る目はそのくらいの理解度っつうもんだいね。で、住み込んでからいろいろ発明が始まる。

最初からこの主旨で設計してたら素晴らしい二一世紀日本型住居提案モデルとなって、住宅学会（もしあれば）賞モンなのにと悔やまれる。

収納のモンダイ？　あ、本題はそれだったが、その後、風呂の焚き口まわりにアーケードをつけて、その先の敷地境界側に組立て式置き収納庫と並べて、履物蔵、傘蔵、自転車蔵と必要に応じてアーケードを囲むように並べていった。それと、キッチン・ダイニングとダイニング前応接は誰も居つかなくなったので、広大な物置になった。

5 土間に居たがるモノたち
——高さ方向の収納設計

大都会のマンション四階の住戸を紹介する。4LDK一二〇㎡という豪マン[*6]である。今どきの住まい、広い家は客間や座敷が広くとってあるだけで、バス・トイレやキッチンは狭い家とたいして変わらない。この家もキッチンセット前広場がまあゆったりめ、というところ。だが、珍しく、キッチン前広場の端に勝手口が付いていた。

◉サンダルの踏み場もない——勝手口土間

物干し用北側ベランダへ下足で出るためのサンダル脱ぎ場として設けた土間。奥行き三尺（九〇センチ）、間口四尺（一・二メートル）。仔猫の額ほどの土間が、そこだけすさまじく混み合っていた。

土間床じかにミカン箱ほどの木箱が三段。その脇にスチールの組立式棚が四段。大小の紙包みやむき出しのペンチやヤットコ、金《かな》槌《づち》、鋸《のこぎり》、糸鋸などの工具類。ベランダで使う吊り物干し器折りたたみ式が三つ放り込んである。その手前に石油ストーブが二台。その上に菓子箱、海苔缶が積み重なって、どかさないと工具棚が見えない。その手前の床に鳥籠、ドッグフードとキャットフードの餌袋、猫のトイレ・白ビーズ玉式、ポリペール（ごみ容器）ふたつ、ワインのダース入り木箱ふたつ、ビールの厚プラスチック通函。四合瓶の空き瓶五本、ビニール手箒とプラスチックちりとりが出口脇の壁にぶらさがっている。ア、それとサンダル二足。ご想像のように「サンダルの踏み場もない」。

この住まい、全体にゆったりしているのに、この「仔猫の額土間」だけは滅茶苦茶過密で凄絶の景になっている。ほかは空《す》いているのに、土間だけが。土間がある、となるとそこに居たがるモノがまるで自分で歩いてくるかのように寄り集まる。この土間の混みようは

＊6　豪マン＝新聞三行広告の圧縮表記で豪華マンションの略。豪鉄ともいう。豪鉄＝豪華鉄筋コンクリート造マンション。

土間面積を二倍にしても三倍とっても、やっぱり滅茶苦茶な光景になることには変わらないだろう。どうもモノたちのうちには、高いところに居たがる高居族や土間に居たがる土間族という種族がいるようだ。そうだ、玄関にも土間がある。玄関に行ってみよう。

◉玄関に集まる——高居族と土間族

ここの玄関は奥行き四尺五寸（一三五センチ）、間口一間半（二七〇センチ）とゆったりしており、靴入れは奥行きより長く上床のほうに伸びて一間（一八〇センチ）ある。その上の甲板は、「はじめに」（六頁）に登場した「思い出の博物館」状態とそっくりで、こけしや御鷹《おたか》ぽっぽ、北海道の熊こそいなかったが、それらのスペースをこえて五〇匹近い招き猫の大小がひしめいていた。そっちの話はもういいよ、土間はどうした！　あ、そうだった。

入口側から見ていく。まず傘立てが三つある。入口側のは上面がステンレス格子で下部に受け皿のあるオープン型で、紳士用傘、婦人物、日傘が十二枡目に二八本入っている。その先に、広口甕が二つ。これは漬物用だっ

たと思われるが、折りたたみ傘が開いたままのや巻いたもの、急に降られて買ったビニール傘など十余本。その先に買物カート、海外旅行用キャリーバッグ、その先になぜか松葉杖。息子が骨を折ったときのもので、また折るかもしれないのでとってあるという。その先にスキー板が大人用三双、スノボとスケボーが倒れている。その先はもう靴入れで、その引戸をふさぐようにゴルフバック、その脇に松の盆栽とサボテンの鉢、陶製の蝦蟇《がま》、犬のトイレ、宅配便の梱包ふたつが置いたまま。それとクール宅配便の空の発泡スチロール函。あとはやっぱり靴くつクツ、女性用ブーツが三足計六本、土間に倒れ込んだり寝そべったり。

今どきの住まいを埋め尽くさんとするモノたちはそれぞれが居たがる場所によって棲み分けているのだ。高いところに居たがるモノたちは高いところがあれば、そこを埋め尽くす。靴入れの上、ミニ床の間がその典型だし、テレビの上もそうだ。土間へ降りたがるモノたちは土間があればそこへ詰めかけて、そこを埋め尽くす[*7]。では、そうした性質をもつモノたちの収納設計はどうする？　収納、整理、ないし整然として見えるように生活景観を少しでもマシにするには、高さ方向の設計という視点での空間設計を行う必要がある。

今どきの住まいの設計は平面関係に気をとられて、いわゆる「間取り」＝部屋どりしかやっていない。だから高さ方向では出入口土間とあがったところのフロアと、床の間を付ける、付けないぐらいしか考えていない。そこで土間と床の間に居たがるモノたちが詰めかけて、床の間を床の間でないモノ置きにしてしまい、土間を「靴の踏み場もなく」してしまい、勝手口土間を「サンダルの踏み場もなく」してしまう。

●ほんの一寸——段差戦術のすすめ

この現象をもっと積極的に取り入れたら片づかないまでも、かなり整理され秩序化された生活景観に「見える」ことは確かである。

ちなみにキッチンに向かって食事カウンターが設けられているカウンターキッチンの場合、カウンターの奥行きを六〜一〇センチ広くして、その分一・五センチほど食事する甲板面より高くすると、調味料その他モロモ

●勝手口土間の異常（右頁）

周りはがらんと空いているのに、勝手口土間だけが異常に混みあって乱調にあり。この光景から察するに、土間をもうちょっと広げたって、目茶苦茶集合は緩和される気配はナイ。そこに何か物の持っている本性みたいなものがあるのではなかろうか。たとえば生来、土間に居たがる物たちが居るとか、高いところに上がりたい物が居るとか、狭い隙間があると入りたがる物が居るとか。そこんところを見抜いたら、物は大概片づくのではなかろうか。道具心理学——なんて学問をうち立てる必要があるのではないか。

＊7　では土間がなかったら？　私の住まいの場合がそうだが、猫の額を埋め尽くした残りは、高床のフロアの上を流浪の旅。たとえば寝室の天井にスキー板が何本も。ストックと一緒だから大地震が来たら——ゾッとする。

ロがそっちへ上がって、甲板面に食事用の食器・食具が置きやすくなる。これだけのことで食事カウンターは物の員数は変わらなくても整然感は確かに出てくる。私は食卓テーブルの上では、これとは逆に自分の「食事するスペース」をわずか一センチだけだが高くする盆を置いて、雑多なモノで埋め尽くされている卓上面に、安心して食事のできるスペースを確保している。

私の物書き机の上では、原稿用紙をひらく場所、机上に脚付きの（銀杏の）俎板《まないた》を置いている。これだけで筆耕のときに煙草やライターや灰皿が原稿用紙を広げる場所をふさぐ危害を完璧に防止できる。

高さの差は別世界をつくるのである。別の世界――清浄ないし聖なる世界と不浄ないし下俗の世界とを高さの差で分かつのである。床の間はその前なる畳の床より聖なる清浄空間である。高床と土間とも同様の差をつける。原稿用紙をひらいた俎板の上は神聖なる創造の世界であり、住まいでいえば高床の上、あるいはミニ床の間空間。その周辺の数センチ低い机上面は高床に対する土間空間、不浄にして下俗な濁世空間なのである。

●「卓上族」の狼藉対応策その❶「銘々盆」
物には土間に居たがる「土間族」、床の間状の高みに居たがる「床の間族」が居ることはわかってきたが、人が用あって向かう卓上を占拠したがる「卓上族」というのも居るなァ。ちょっと家内には内緒にしておいてほしいのだが、オランダ旅行の時、フランドルのテーブルクロスに家内が魅入られたことがあった。大きめの構図に枝葉をつけた華麗な模様のテーブルクロス……「素敵だわァー、うちのテーブルにかけたいわァー」。柄が素敵なのは私も同感したが、うちのテーブルにはどうかナと。柄の半分、いや四分の一でも見える瞬間がなさそうだから。なんせ自分の食器を置くにも「銘々盆」で領地を確保しなければならんぐらいだからなァ。

●「卓上族」の狼藉対策その❷「俎板」
能登・輪島の塗師たちの仕事場を訪ねたとき、漆工たちはそれぞれ厚手の板一枚を眼前に据えて、その上で漆を練ったり箔を貼ったりしていた。「この作業用の板、なんて呼ぶんです？」と訊ねたら「まないた」という答え。「俎板見たら腕がわかるっちゅうもんです」と付け加えてくれた。私の卓上族対策に俎板を置いたのは正解だったとわかって嬉しかった。ただし塗師たちの「まないた」には脚はなかった。

　あらためていうが、ドンナ家にもあてはまる片づくシステムを求めるのは無理である。

　しかしドンナ家にも共通普遍的に通用する片づけ術はないではない。私はもちろんそうした情報を提供するつもりでこの本の看板を掲げている。前項の高さ方向の設計術などはモノが片づく共通普遍の原理といってよい。

　そういうことも沢山あるにしても、これまでの収納・整理方法論が収納特集のたんびにぞろぞろ出てきているわりに、モノの役に立っていないのは、収納・整理をチャンとしようとする対象の住まいがどんな生き方を求める住まいなのかを不問にして話を始めているところに原因がある。

6 勝手口から住まいを設計する

——定年帰農の家

「ドンナ家でも」でなく、「コンナ家の場合は」という対象の絞り込みがなければ、モノは片づくはずがないのである。「ドンナ家でも」に対する「コンナ家」として、ひとつのライフスタイルを志向する家をあげて、収納問題のありようがどう変わるかを見てみよう。

◉グランドフロア——土間住まい

　ある亭主、一流会社の会社員をつとめあげて、ま、部長どまりで定年を迎える。人生の四分の三を現代の複合汚染都市で生活を送ってきたから身体にいいわけがない。とりわけ勤めていた会社が食品加工産業の雄だった。はっきりいって保存料、増量材、着色料などあらゆる添加剤を基準の許容限度ぎりぎりまで投入するのが役目だったのだからもういけない。骨の髄までメタメタに近いのだが、水も空気もきれいな田舎ぐらしに切り替えれば、余命はなんとかなる。無農薬有機栽培の純潔野菜を手づくりして食べつづける老後をおくりたい。汗をかいたこともないし、筋肉を使ったこともない。ま、近頃はやりの定年帰農願望の典型である。

部長どまりだったから庭つき戸建て住宅を購入できるだけの資金はあるが、大都市近くというわけにはいかず、大都市からはかなり離れた農業地帯で宅地開発されたニュータウンの一画を買うことになる。私はこの熟年夫妻といっしょに下検分に出かけていった。

遠い郊外の、田園風景のなかにできたニュータウンなのに、新市街を歩いてみると、分譲敷地が狭いこともあって、新築住宅密集地。それは資金の問題だから致し方ないとしても、住み手たちは完全に都会志向。資金の都合で遠い郊外を選んだだけで、住まいはどれもこれも都会的消費生活スタイル。猫の額庭つき戸建ての庭にマイカーをつけるので、まず庭なしといってよい。そして、どの家も玄関しか出入口はなく、玄関がまるで大富豪の豪邸シャトーの玄関構え。男性ならばダークスーツ、女性なら訪問着のドレスに身を固めなければ恰好がつかない態《てい》の玄関である。

公開モデルハウスに入ってみると、玄関たたきは四尺五寸（一三五センチ）四方。私の家のそれよりはひと回り広いがなんのその、たちまち靴の踏み場がなくなるのは必定。

これじゃ設計になっとらん、と私。それに定年帰農願望の建築主だから、鋤《すき》、鍬《くわ》、農具はどこへ置く。野良着で豪邸玄関のボタン押してピンポ〜ンも似合わない。泥つき大根や泥つき野菜をここから持ち込んで、こんなシステムキッチンでどうする。漬物つけたり、味噌つくったりをシステムキッチン前広場やリビングのソファでやるのかい。

次の日、私は設計図を描いて定年帰農夫に見せた。要点を記せば、次のようになる。

格式玄関は設けず、ロードサイド（表の道路側）をオープンな自由勝手な出入口にする。

農村地帯の中のニュータウンだから土はどこまでもついてくる。道具はみんな土の物（土のついているもの）だから、一階（グランドフロア）はオール土間にする。これなら農具修理の鍛《か》冶《じ》仕事もできる。

冬には土間も冷えるので温室に使う温床線を土間の表土近くにめぐらせる。これが一番安い。充分あったかいし、あらゆる床暖パネルにくらべて立ち上がりがもっとも早い。

一階の広〜い土間のまん中に土間床を深さ尺二寸（三六センチ）まで掘り下げて凹みをつくる。一辺一間半四方、つまり四畳半の凹み面である。底は平らにし砂利敷き。まん中に半間九〇センチ四方の炉をつくる。つまりこれ、掘炬燵ならぬ掘囲炉裏[*8]である。本章4の玄関居酒屋コーナーは、高床の一部を切り下げた高床掘囲炉裏である。

収納との関係？　ま、この掘り囲炉裏も収納以前の、モノを持たないで必要な機能を叶える術に属する抜本的解決である。四畳半を家具の長椅子で囲むには延べ一〇・八メートルのベンチが要る。土間を掘り下げて四周にゴザでも敷けば、延べ一〇・八メートルのベンチが要らない。これだけでモノの体積がどれだけ減ることか。こういう見地でモノを見ていかなければモノは片づかないのである。

◉土間囲炉裏──人も集まり、情報も

道路側の全面勝手口が土足のまま勝手に入れるようになっていると、この掘り囲炉裏に惹《ひ》かれてなんやかやと人が寄ってくる。

都市型の家の玄関構えは普段着訪問拒否型で、床上に上がり込むのは人間関係手続きが大変で、やすやすと上がり込めるところではない。すべての家がそういう構えだから、新開住宅団地ではひとたび我が家を出ると居場所がない。家のまわりにはまったく行き場がなくて、駅前にも気のきいた居場所にできる店はない。まさにベッドタウンでしかないのである。

そこに一軒だけ土足で勝手に入れる家があって、集いの掘囲炉裏があって、なんやかや話に花が咲いていたら加わりたくなる。酒の一本もさげていったら歓迎大モテである。住宅地のまわりに点在する農家の人たちも、定年帰農の主が出かけていって収穫など手伝ったりしたら、この土間にやってくる。囲炉裏端会議のよもやま話のうちに、農作物の栽培のノウハウをチラリホラリと教えてくれたりもする。この大掘囲炉裏こそ定年帰農ライフの技術情報源装置である。

土間ライフは泥つき野菜が収納できる。定年帰農ライフスタイルに老後の健康な美味を託す人は、近隣農家が人手不足に困り果てていることに注目すべきである。ことに収穫時はタイム・コントロールが重要で、一日二日を逸しても甚大な損失をこうむる。そういう時を見計らって手助けに駆けつけるべきである。何時間働いて幾らいくらということは無視して、ロハ（只）働きを決め込むのがいい。

＊8　農家の広い土間の一部を掘り下げて、四周に腰かける掘囲炉裏は秋田など豪雪地帯に見られる。高床掘囲炉裏の実例は新潟県新津市の北方文化博物館・伊藤家旧屋に保存されている。

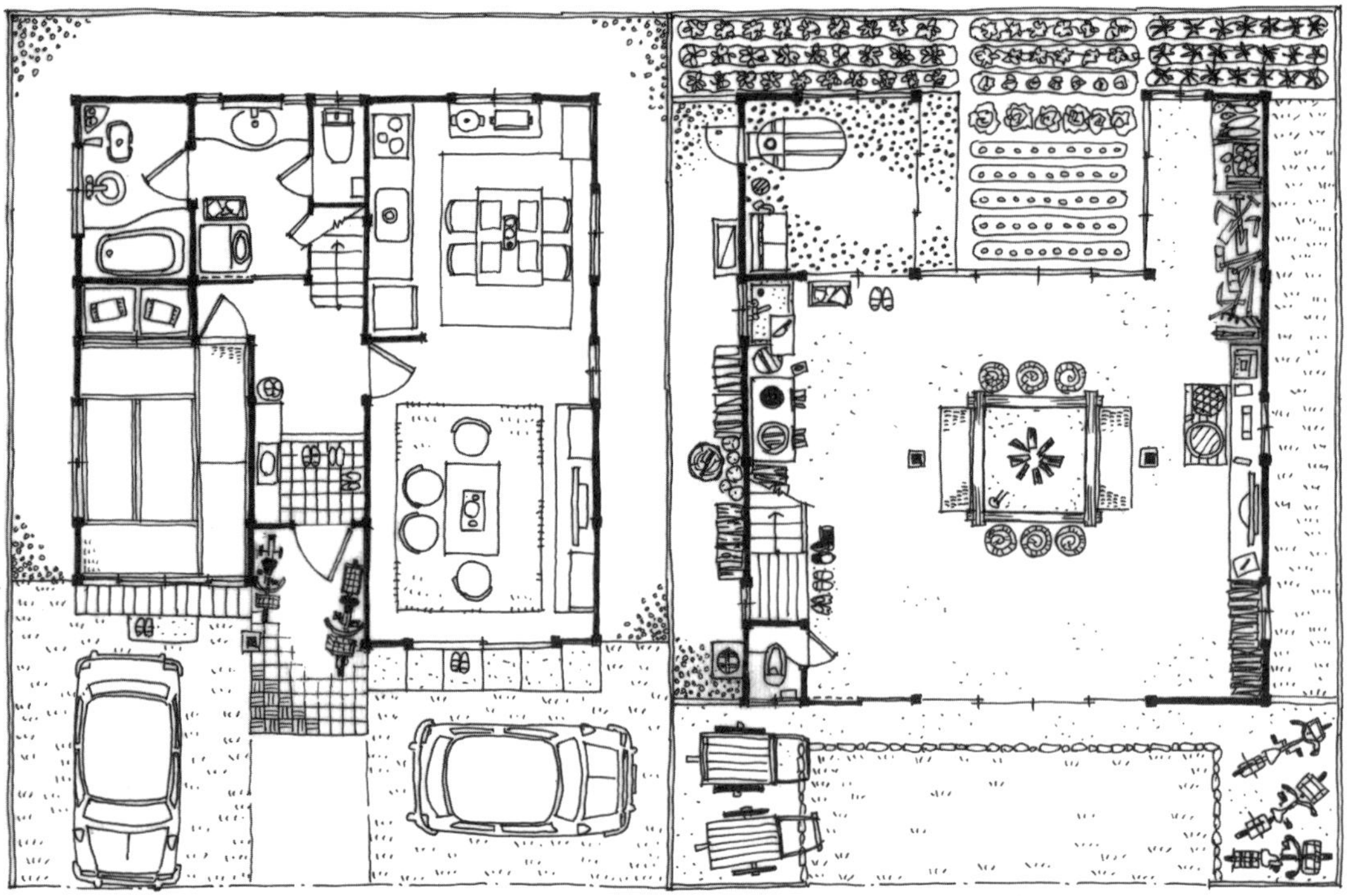

●定年帰農の家

右が定年帰農者の建てた市街地農家型住居のグランドフロア・プラン。左は普通のベッドタウン建て売り、あるいは売り建てのプランの一例で、何百戸を見ても大同小異。いずれ長距離通勤寝台都市（ベッドタウン）型といってよい類型（タイプ）のうちである。新町（ニュータウン）はいずれも農地を宅地化したもの。せっかく遠距離の地まで行って住むのだから土により近い田園型の住環境を活かす住み方をすればいいのに都市型住居を密集させている。

右プランと左プランの違いはたいへん大きい。この土地にあっては、左の都市型プランが異常だ（間違っとる）と私は思うのだが、一般の人はどう見るか。ひとつ裁判にかけたらどうか。あ、陪審員制度かァ。陪審員はフツーの人から選ばれるから定年帰農の家は圧倒的多数であっさり死刑か。

ことに野菜農家が時を争うのは、葉物野菜や成りものを農協や仲買に納入して現金を得るためである。納入には鮮度はもとより虫食いなどの欠点があればダメ、その上にサイズが規格にあわないと刎《は》ねられる。サイズの違いで刎ねられると、一畝、ひと畑全部がアウト。こうした刎ねものは畑で腐らせて土に戻すしかない。

野菜農家では多かれ少なかれ刎ねものが積んである。収穫を手伝ってあげた農家には、手間賃などの現金はない。親父が手伝いの礼をいいながら、「あそこの刎ねもの、持てるだけ持ってけや」という。「リヤカー貸してもいい」。ちょっと虫くったり、ちょっとサイズが大きすぎたりのほかは欠点のない新鮮泥つき野菜をリヤカー一杯積んでニュータウンの我が家に戻る。玄関しかない家だったら泥つき野菜リヤカー一杯、どうすんねん。

干したり、漬けたり、残りはそこらに積んどいて、掘囲炉裏に集まってる人たちに、「持てるだけ持ってけや」。玄関族の奥さんが喜ぶ。掘囲炉裏の炉端話に今晩も行っていいわよ、一升持ってってもいいわよ、ときたもんだ。大根ひと束に漬物までもらってきたりするから奥さんいい顔するわけである。

こうして町に住みながら定年帰農はヤッテケルようになり、畑を手伝ってくれる汗仲間もでき、アドバイザーも確保。

さて収納問題だが、消費生活者から生産生活者に一転すると、鋤・鍬・鎌・肥桶以下の生産道具は何やかやと増え始めるが、消費生活の用具は妙なもんでどんどん要らなくなる。畑をやっていると燃やすもんがけっこう増えるので、飯を炊くにも竈《かまど》に羽釜をかけて、薪《まき》を焚いて炊きたくなる。そう手間がかかるわけではなく、炊きあがりがひと味美味《おいし》しい。洗濯も手でやってみると、布や毛糸も大事に気配りするようになり、手で絞ってもけっこう早く乾くのに驚いたり。

高床だけの生活では真空掃除機振り回していたけれど、一階がオール土間となると箒草《ほうきぐさ》（帚木＝ははきぎ）を植えておいて、若葉はおひたしに、秋に小さな実がいっぱい稔ると、しごき集めて煮るとツブツブツブと美味しい畑のキャビアと呼ばれる一皿になる。その後、葉が枯れてくるのをしごいて、束ねて結うと手箒になる。先っぽも腰があるのでこまかい屑をピンピンと掃き集めるのに都合がい

●掘囲炉裏——これは実はデザイン盗用であることを白状しておく。秋田市の旧奈良家住宅の広い土間にこれがあって、土を掘り下げただけでこれだけ「生活」の生まれる装置家具になるとは……と、私はいたく感動したのであった。

い。床上は稲の穂を束ねた「みご箒」を手づくり。手箒はゴミと相談しながら——の実体感があって愉しくなる。手足をよく使うようになると、家電製品が減っていく。

この家、敷地が狭いので総二階にしている。一階は野良仕事とのつながりで足も着物も土がついてまわるので土足のままの土間空間にした。二階は休息と、読書、ホビーなどの静の空間。本来なら平屋にして、働く土間空間と静かな高床上の空間とをつなげたい。

二階に上がるには足を洗い、ついでに身体も洗って、下着は洗濯機に。身体を洗うのは芋や大根を洗うのと同じだから同じ水場に。

建物は三尺あけて敷地いっぱいに建て、内側に土間続きの坪庭・パティオを設ける。ここはキッチンガーデンや畑仕事の準備の苗床にも使える。

トイレは汲み取りに。自家製有機肥料——これは畑の方に設けた肥溜めで充分発酵させてから用いると回虫の心配がない。

昔の農家では入口脇に小便を放つところが必ずあった。大便所をセットする例も多かった。風呂の洗い水も富栄養水だったから小便といっしょに溜めたものだった。定年帰農の家でも便所だけは有機肥料利用と出入りの便利から一階出入勝手口脇に設けた。

生ゴミは坪庭の端の土に穴を掘ったゴミ穴で消化させる。家電メーカーが生ゴミ処理機なるものを開発しているが、決め手は生ゴミを食べて水と二酸化炭素にしてしまうバクテリアの働き。バクテリアをよく働かせるためにかきまぜるのにモーターを仕掛けてあるので家電製品なのだが、自然の腐植土の中には十分な生ゴミ食べ屋のバクテリアがいるから、かきまぜなくても生ゴミはどんどん消化されていく。深さ六〇センチ、直径もそのくらいのゴミ穴でも生ゴミを毎日入れても消化されるので嵩が増えなくて、ゴミ穴の上端まであふれてくることはまずない。

あ、収納の問題ですか。どういう暮らしをしたいかにしたがった家づくりをすれば、要るモノだけがあるべきところにあるようにモノが居所をきめて棲みついてゆき、乱れがなくなってしまう。今どきの住まいの定型プラン（似たり寄ったり大同小異）は生活設計のない住まいなので、住み方がまとまらなくて、モノが乱れ合うのではないだろうか。

7 収納たくさんの夢

——冗談から駒・収納工夫よもやま話

生活設計たしかな家は片づく家——「たしかにそりゃあそうだろうけど」——もっとしどけなく欲の向くまま気の向くまま屁理屈抜きに溜めて溜めて溜めまくって、片づかないもんかなァ。私もそのキモチはワカルほうなので、「瓢箪から駒」式に冗談から収納工夫がでてきたような話題をちょっと……。

◉押入れの家、押出しの家

——一押し二押し三に押押

じつは私、新大阪から東京へ、新幹線に飛び乗る直前にキオスクで夕刊を買った。新聞も全国一律のようでいて、関西版にはそこはかとなく関西文化がほの香る。不動産三行広告の貸間欄がとりわけ関西臭が濃厚なのに気づいて読み込んでみた。

「豪鉄マンバ停一分買物近コンビニ隣四階東南角部屋六押押広縁三半押台二東炊バ水便ベラ広独女限敷五〇万賃四万」。不動産広告専用方言？の羅列なのだが、簡にして要を得て漢詩の七言絶句調。これを読み下してみよう。

豪華鉄筋マンションで、バス停から一分。市場が近くで買い物は楽。隣にコンビニ、買い忘れにも間に合う。東南向きだから一日中陽がよく射し、角《かど》部屋だから前を通過する者がなく静か。六畳には広縁つきだからゆったり、押押＝間口一間の押入が二つで収納充分。三畳次の間にも半押＝間口半間の押入。台所は二畳で、東炊＝東京風炊事場＝セットキッチン。バス付きで水便＝水洗。ベラ広＝広いベランダは物干しに。独女限＝独身女性に限る、と厳しい。女性はよく掃除するし、内装を傷めないから歓迎。賃貸料が安く、そのぶん敷金が高いのが関西のしきたりである。

私が関西版不動産広告でとくに気に入ったのが、押入を間口で一押二押三に押押と示している点。実利的な関西人のものの見方を如実に示している。東京の新聞では和六洋四・五などとあって、押押の字がナイのが住居観のいいかげんさを示しているように思える。

表題に「押出しの家」と付けたのは押入れの奥や冷蔵庫の奥は、入れ忘れたものの墓場化しやすいので、奥の仕切を外しておけば不要のもの、入れ忘れたものは押出されていくので、いくらでも押入れることができて、「片づくんやないの」と思ったまでである。

◉本棚の家――本家《ほんけ》図書館

ある蔵書家が家を新築した、というので見に行った。壁という壁が内装してなくて、下地まででしらけている。特注の本棚を発注してあって、本棚で壁は全部隠れてしまうので、内装はしなくてもいいのだという。

私「本をぎっしり詰めたら、そりゃ断熱材としても効きますねえ。壁のなかに断熱材をはさまなくてもいいわけだ」

建築主「しまった、そうだったなあ、断熱材しっかり入れろっていったのは勿体なかったナ」――これを私は感動のあまり「本棚の家」＝「本家《ほんけ》」と名づけた。

●本棚の家＝本家
本棚・書架は本をきっちり並べれば断熱壁にナル！　その背を外壁仕様にし、厚い合板を入れれば耐力壁になる。側板を厚めにすれば合成柱に相当する。それだけの発想である。

一方、私自身はスライディング本棚三重式（二重引き違い本棚）を買い込んで、建てつけている。一番奥は固定式で、その前の二重のところが引き動かせるようになっている。

この一番奥の本棚の裏側を外装材にして、本棚の両サイドの側板の板厚を増せば厚板合成柱になるから、これをユニット式に置き並べて、その上に鉄板亜鉛鍍金《メッキ》の折板を乗せれば本棚構造（一種の壁構造）の家ができる。本棚はお宝陳列棚にも使えるし、衣装棚にもできる。シンクボウルを落とし込めば洗面台にも調理流しにもなる（これがドイツ式システムキッチンの原型である）。

◉書斎にはシステムキッチンを

これは今から去ること四半世紀ほどの昔話。当時システム家具なるものが流行していた。一方ではシステムキッチンが厨房家具産業として確立しはじめていた時代の話。

私はその頃、自分の書斎（もの書き空間）を整備したくなってきており、近頃はやりのシステム家具はどうかと、展示場を訪ねてみた。システム家具というのはあるモジュール（寸法体系）にしたがった幾種かのサイズの部材（棚板、側板、仕切板）を上方に、また横の方に継ぎ足していけば収納が増やせる構成部品組立式家具である。うまく棚板を張り出して脚になる板で端をとめれば、本棚の続きが書き物机になったりもする。そういう組立ての例がいろいろのコーナーにつくってある展示場で、私は自分の書斎の工夫を、ああだこうだと考え合わせたりしていた。

当面は懐の都合で短いシステム本棚、でもお金ができるごとに継ぎ足していける。ただし部材がけっこう高価なので自由な組合せに欲をかいてどんどん足していくと、かなり値が張ってしまう。安物の本棚を買い足していったほうが安上がりか。やはり、システム書斎は私ふぜいには無理かな、などとあきらめ加減になっていた。そしてふらりフラリと歩をすすめて、隣の展示室に入った。

そこで私は理想的な書斎セットを見つけたのである。その、よくできたシステム書斎モデル（と思ったの）は、壁一面を埋め尽くしたセットで、全面ウォールナットの超高級仕上げ。上から見ていくと、まず天井近くの手の届きにくいところは、天袋本棚になっている。

天袋本棚は脚立に登らなければ取り出せないが、その天袋式扉付き書架は底のハンドルに手をかけて引き下ろすと、天袋本棚ユニットがスイングして目の前まで下がってくる。こんなありがたいことはない。

　その天袋本棚の見上げ底から下は壁面でカレンダーやメモをとめる、机の向こう壁の掲示板機能が、とても実用的である。

　甲板のすぐ下側は書斎のデスクと同じに引出しが一段だけ幾つも並んでいる。その引出しの下は、引きずり出せるワゴンになっていて、中は左右に分かれて棚になっている。これは重たい辞典（一〇巻セット）、国語大辞典（百科事典三〇巻セット）、英和、和英、オックスフォード英語辞典（分厚い五冊）などを納めておくと、ワゴンごと引張り出せるので、一冊一冊が取り出しやすい。すごいぞ、スゴイ、よくここまで考えたもんだ。

　ワゴンの先に引出せない扉があって、開けてみるとミニ冷凍冷蔵庫、これは決め手だ！

　書斎にとって肝腎の甲板は、壁から壁までの長～い一枚板、継ぎ目なしの甲板の途中に、コンパクトなガス・電気コンロがある。それと、小ぶりの流し（シンク）があって、水栓が付いている。こ、これですよ。

　私の、その当時の書斎は3LDKの一室を占拠したものだったが、夜っぴて書き物をしていると、なにかと台所に用ができる。とくに仕事にノラないときは、ちょっと湯を沸かして茶を淹れたりコーヒーをつくったり、ウイスキーのロックが必要になったり。そうなると、スルメをちょっとあぶったり。書斎にちょっとコンロと流し、それに小ぶりとはいえ冷凍冷蔵庫を設けたとは相当の仕事師（もの書きの）に通じている奴の設計に違いない。

　この書斎なら台所に行く必要がなくて、ロック片手にあたりめ（スルメ）噛みかみ、仕事三昧。いいなァ。フルセットで三〇〇万かぁ、ベストセラーでも当ててからの話になるなあ――と、急に我に返ってそのショールームからポロリと表に出た。

　ベストセラーを当てた日のためにと、このショールームの場所を覚えておくために振り返って出入口を見たら、「ＸＹＺ社（仮名）システムキッチン・ショールーム」とあった。ＸＹＺ社のシステム家具ショールームからシステムキッチン・ショールームに裏で続いていたのであったか。

●システム書斎

システムキッチンは調理の味の向上には何の役にも立たない、仕舞えるキッチンという「収納家具」にすぎない。だが、それだけに仕舞えること、取り出しやすいことを本命とする書斎に、ほとんどそっくりそのままで役に立つ。むしろ書斎のために設計されたシステム収納家具を家の台所に代用しておるのが、今どきのシステムキッチンなるものの正体ではないか。

私は文章の調理をその名も実態も「俎板」の上でやっていることだし。それと私はヘビー・スモーカー。二一世紀は愛煙家受難の世紀として始まった。ベランダに蛍が出る時代、一服つけるのにキッチンまで行かされている人も多い。このシステム書斎にはなんと煙草吸いのための排煙装置までついとる！　シンクボールはもう愛煙家には思いやりに満ちたグレート・アッシュ・トレイとして使える。愛煙家の場合は超大灰皿の上に俎板置いて原稿を書くといい。二一世紀の文豪（ワープロ・ソフトの商品名ではなく、昌伴先生の自称）の著作スタイルはコレだ!?

◉北国の押出し収納——魔法瓶の家

〽上野発の夜行列車　降りた時から
　青森駅は雪の中……

青森から北海道にかけての近年の新開地では、本州とは一風変わった「住む構え」が広まっている。雪深く、しかも風の強い地帯なのだが、家は本州と変わらない住処《すみか》を構えて、ひたすら風と雪に耐えてきたのだが、近年はこれに風除室を取ってつけることになった。玄関扉を外から囲うようにアルミ型抜き材を骨組みにしてプラスチックプレートやビニールトタン（波板）を張った半透明の風除室（幅一m、奥行二m、高さ二mほど）を取ってつけるのである。この風除室を外づけした家が無数にできている。

その写真を撮り歩くうち、住居と敷地境界のブロック塀との間にビニールトタン屋根をかけた家々もあることに気づく。三尺どころか一間、ないし一間半、さらには二間三・六メートルも、住まいとブロック塀の間をビニールトタン屋根にしているのに出会う。建物と塀との間をわざと離して半屋外空間を家

●魔法瓶の家

刀剣は鞘（さや）に納める。大事な物は桐箱に納める。フランス人形はガラスケースに。住まいはビニールトタンの下屋（げや）で囲む。そんなふうな鞘入りの住まいが日本の北国に蔓延しつつある。大きな空気層で囲っているので、ことさら北国では魔法瓶効果がある。

この魔法瓶タイプ住居の発祥の起点のひとつは、玄関廻りに風除室を「取ってつけた」ことにあったようだ。日本の北国の住まいは、かつては北海道でも内地の住居をそのまま移していて、北国の住まいだぞという構えになっていなかった。そこへ西欧では当たり前の風防室を取ってつけた。これは便利だ、楽だ、と増やしていったら鞘入り魔法瓶の家に。建築基準法も半透明仮設の鞘の前にはウヤムヤ。ビニールトタンのおかげです。

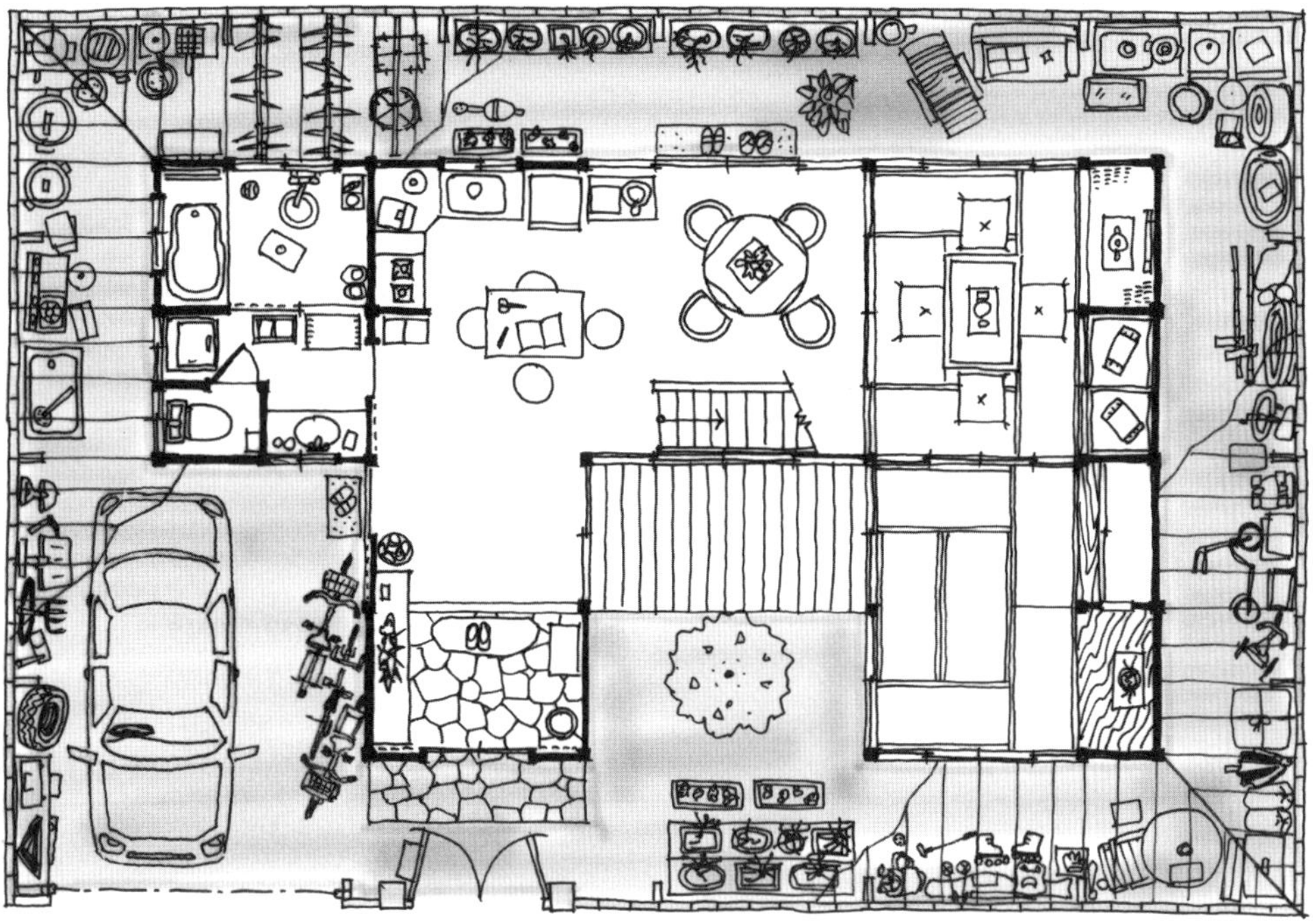

●「魔法瓶の家」平面図

捨てるにはしのびないので窓外の家ぎわ族になった物もビニールトタンの屋根の下では悠々無限に収容できる。後にはそのまま先祖代々一族の思い出博物館。(グレーの部分はビニールトタン葺き)

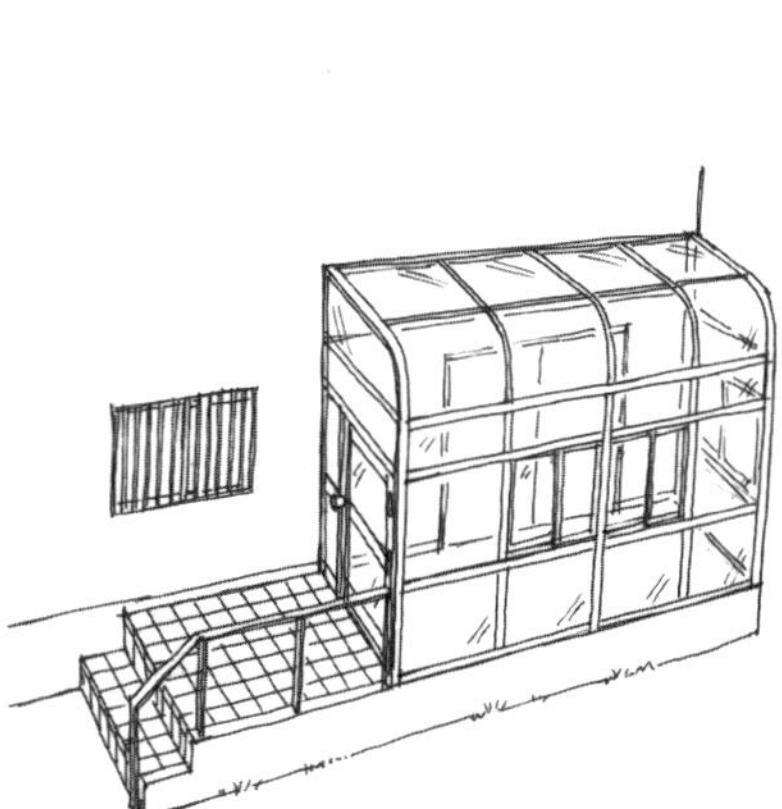

●北国の住まいの風除室

のまわりに増やしているとしか思えないものが、けっこう多い。その仮設的空間の機能を整理してみよう。

①そこは冬の間の半屋外作業のための風除けルーム。長い冬に、半屋外の仕事空間を確保するウマイやり方である。

②寒冷地であることを考えると、屋内の居住空間の外周に大きな空気層を回す——断熱層の鞘の中に住まいを包み込む、いわば魔法瓶構造になっている。

③この魔法瓶構造・鞘付きの家では生活空間から押出されたモノが半永久的に家の外まわりに保存される。「押出しの家」になっている。何かが入用になったら家の外まわりをめぐってみると、たいてい見つかる。

④関東では鞘なしの家だから要らなくなったモノは窓際に寄せられ、やがて窓外の軒下、窓下族となって、余生を送るが、外気にあたるので、老化が早く、三年も出しておくと家の中へ持ち込めなくなる。鞘の内にあればまた持ち込める。

⑤捨てられない悩み、モノとの訣別の苦悩や哀惜から免れるのだから精神衛生上も安穏《あんのん》である。

そういう、これまで日本になかった新しいコンセプトの住空間様式を日本の北国では創出しているのである。

〽さよならあなた　私は帰ります
風の音が胸をゆする　泣けとばかりに
ああ　津軽海峡冬景色……

きらめく津軽海峡新風景、ビニールトタン張り回しの家は、この歌が大流行した一九七七年頃、玄関入口風除け囲いから始まったのであった。

◉七つの蔵のある家
——コミュニティ・ストレージ

昔の旧街道筋にはとんでもない田舎の小さな街村にも本陣と呼ばれる豪壮な屋敷が忽然とある。大名の参勤交代の行列の宿泊施設群である。本陣には大名・臣下が泊まり、脇本陣には下役の主だったのが泊まり、足軽とそれ以下は民宿か。

村じゅうがほとんど親戚関係にあり、本陣は本家、脇本陣以下は分家、嫁のきた家、子の嫁いだ家とネットワークされている。本陣には七つ蔵があり、大名家臣団をもてなす高級料亭旅館ぐらいの膳椀から夜具までの備えはあり、村の冠婚葬祭にも貸し出している。

大名行列の宿泊食事料金がどうなっていたのかは、私は不案内だが、免税などの取り決めはあったのであろう。それはそれとして大名たるもの、手土産は携えてきたようである。たとえば、岡山の矢掛本陣、島根の宍道湖畔の八雲本陣などを訪ねてみると、素晴らしい長崎ビイドロ・コレクションがあったりする。大名の手土産にする底値の知れない珍品お宝として好適だったのだろう。ビイドロに、そんな用途があったのか、文化の歴史、文化財の流通史には深いものがあるんだなあと感心する。

さて、膳椀には必ず屋号が入っている。分家やそのまた分家に用ができると借りにくるからである。ある土蔵には藁《わら》で編んだやわらかいつくりの籠状のものがあって、家主に聞いてみると、「椀籠《わんかご》」だという。漆の椀のセットを貸し出すときに、傷ついてはいけないのでこれに納めて貸し出すのである。椀にも蓋にも屋号が入っているので、必ず戻ってくる。七つ蔵のそれぞれに何と何が入っているかは、当主はぜんぶ知り尽くして、順繰りに出してきて使った。「物」は大枚を払って入手した宝物クラスであるだけにきちんと監理されていたのである。

くらぶれば現代の住まいに満ちあふれてごたついている物は、ほとんど全部しょうのない安物。家の中の用品をみな一品一〇万円以上と限れば、物は少なくなる――それよりも大事にするので片づく。そういうベーシックなところでの物の持ち方をしている家を物持ちがいい家、というのである。

ところでこの貸椀制度だが、本陣などない村では共同利用の椀蔵をつくって、村人が金を出し合って共同購入して、行事に備えた。本家・本陣の七つ蔵などもその一環としての共用ストレージだったのである。今はこうしたコミュニティ・地域共住ネットワークがずたずたに切れているので、必需のものはみな自家で持たなければならず、安物買いに傾くことにもなる。近頃、高価だがさすがいい物、という物が売り悩んでおり、いい物がつくれなくなってきて久しい。一客一〇万円の本漆の椀の前に一客八〇〇円の物がツヤツヤしていると（それは表で反射しているので、底艶《そこづや》のいい持ち味はナイのだが）、いい物はいいナと思いつつも、八〇〇円のほうに手がいってしまう。いい物は滅多に使わないのだから、共用レンタルにして皆で使い回していったらいいのに――自分持ちを一客八〇〇円で揃えたりしているのが貧しい。

「物を持つこと」の構造改革が生活の質の向上には必要な宿題なのだが――ちょっと高級なブランド食器を使わせてくれるレストランやビストロは、その変形としてもあるのだろう。物の持ち方――そこから生活景観ゴタゴタ問題は片づけていかねばならない。

総じて生活設計、生き方、生き甲斐の中心があらたまると、要る物と要らない物とが変わってくる。その生活設計がじつにあいまいのまま設計されている現代の間取り設計に、我が家ライフをあてはめ、世間の常識に流されてモノを集めて、秩序を失ってどうしようもなくなっているのが、今どきの皆さんのおウチなのではないだろうか。生き方、生き甲斐ないし家業がハッキリしている家は、先に述べた定年帰農の家がその例だが、そのための設計でできている家だから、おのずから片づき、その生活景観は凛《りん》としている。

趣味が昂《こう》じて本職《プロ》はだし、家業として看板を出してもおかしくない家もけっこう多い。

料理好きが昂じた「美味しい家」に立ち寄れば、「このお皿で、これ食べてみて！」、「バーテンダーの家」に立ち寄れば、「すごいバーボンが手に入ったんだ、呑んでけ、これはそのグラスだな」。中国各地の珍茶を集めてご自慢・茶道の家「無茶庵」、コーヒー道の家「苦茶房」、いずれも茶道具は一流揃い。いわくつきの茶葉や絶品の豆（エチオピアの極上コーヒー豆）などが手に入ってしまったら、それぞれ無茶庵や苦茶房へ持っていけば美味しく飲ませてくれる！　機織る家、木工家具づくりの家、カロッツュリア（乗物改造癖）の家――そういう家は直しもん（修理）も歓迎。何かに凝っている人は知識を披瀝したくてしょうがなく、お金をかけてでも話を聞かせたり、道具立てを見せたがったりする。

そういう家をめぐり歩ける、見せたがりのいろいろが住んでいるコミュニティが、これからは育っていくのではないか。生き方、生き甲斐がはっきりしてくるほど「片づいている暮らし」になる。これは片づくライフ処方箋の、ひとつの究極ではないだろうか。

第４章

家の中だけでは片づかない——社会工学の視角から収納を

1 私有と共有
——私有・家財化強要の時代

さてさても、ここまで収納について考究してきたからには、家の中、少しは片づいたか。盛りだくさんの片づけの視点から、いくらかは片がついたり、抜本的片づけ行動への引き金になったりもしたにはしただろう——ご成功を祈る——けれども、やっぱりもうひとつ片づかない。収納にとっての根本原理の考究が、まだ抜け落ちているからである。

その根本原理とは何か。

ひとつには物を持つということ自体の考究である。もうひとつは我が家の中だけで物は片づくか、という問題。

そこに必要なのは収納の社会学ともいうべき視座である。

◉物の持ち方の問題

物を持つ——所有する。所有するから仕舞い方が問題になってくるのである。あたりまえのことだが、あたりまえだからこそ、そこのところをちゃんと考えなければ問題は片づかない。

所有の問題とは——誰が何をどういうかたちで持つか、という問題である。誰が——私が、何を——すべてを。流行《はやり》の物、新製品は全部持ちたい。欧米の人はそうでもない、と第1章で紹介した。

物を持たなけりゃあ、そりゃあ片づけに悩むこたぁない。人間本来無一物、物欲を捨てよ、いくら物を溜めてもあの世には持っていけない。現世の無常を悟れ——などとはいわないことにしよう。現世に生きる我執の人、煩悩の人には開きなおれない境地であるし、いま地球人全体がハマっている近代産業消費社会の本旨にも反する反体制的開きなおりだから、ここでそれを持ち出すのはまずい。

そうなると、現代社会の成り立ちからして物は持つべきであるとして、誰が持つのか、については考える余地がある。必ずしも私が持たなくてもいい物まで持つ――以外の持ち方もある、ということを考えてみよう。

◉収納は社会の広がりの中で
――社会工学の視角

私が持つ=私有する。家族で持つ=家財を持つ。親戚が持つ=本家が持つ。集落で持つ=共有する。区役所が持つ=公有する。国が持つ=日本国有鉄道(あ、これは民営化された)。

私が所有しない物は借りるしかない。いくらかとって貸すために物を持っている者がいる。賃貸する、それを賃借する。リースする、レンタルする。リースは土地や家、部屋、事務器機など比較的長期間の賃貸・賃借、レンタルは短期間の賃借をいう。こうした所有の社会的システムを社会工学の視角から考えていかないと、本当は我が家が片づかない。

◉貸し借りする物の体系

生活にはいろんな事への対応が要り、そのための道具立てが要る。神事《かみごと》、祭事《まつりごと》、祝事《いわいごと》、村事《むらごと》(=community affair)、親戚事《しんせきごと》、家事《いえごと》(かじ)、食事《たべごと》(しょくじ)、仕事《しごと》にもいろいろある。これらのすべてに対応できる道具立てをそろえることがまずたいへんだった。

親戚事までは家の格式の高さ低さにかかわるので、品格、品質の高い道具ぞろえが要る。そこで品格・品質の高い物は、いろんなかたちで共有された。本家が持っていて、分家はいざ要るときには借りる権利があった。貧乏村ではお金を出し合って共同購入して、共有の蔵(椀蔵《わんぐら》)から借り出すことで道具の品格・品質は高く保たれたが、村落コミュニティの絆が断たれてくると、各家でそろえなければならなくなったり、品格・品質の落ちる物が出回ることになる。近代になって生活文化の質が大きく落ちたのはこのためでもあった。

この、生活用具の質を高いレベルに保つもうひとつの社会システムとして、語呂合わせではないが、その名も「質屋」というシステムがあった。

◉高度レンタルシステム社会

生活用品を質にとってお金を貸す「質屋」

は、庶民の金融機関として、けっこう社会的に機能していた物・金システムであった。月賦やローン制度、サラリーマン金融などは利子をめぐる時・金システム。これに対して質屋は物を質にとる物・金システムであるだけに、質草（質に入れたり、出したり、流したり……質流れにしたり）の行方に別段の悲喜劇がまつわった。その日暮らしの貧乏所帯では女房質に置いても、の諺が象徴するように、窮余の策に鍋・釜、蒲団、蚊帳などその日に困る物まで質草にしたり。昔なら親の形見、近頃なら結婚指輪など後生大事な物を訳あって妻がこっそり質草に入れて、やむなく流してしまって亭主に知られて騒動が起きたり。

その質屋だが、日銭に困るほどではない中流以上の生活者にとっては、別の使い方があった。冬物を春になると質に入れて、秋にうけ出す——蔵がわりにするのである。これなら蔵を持たない借家生活では物が片づく。金融関係を抜きにしたら、倉敷料をとって運営する倉庫業である。これと賃貸料をとって物を貸すのとを組み合わせたら、世の中が片づきそうだ。

もちろん問題のある物もある。衣料など他人の身につけた物には抵抗のある向きもあろう。けれどもそれを承知の上での「貸衣装」は今も成り立っている。

賃料をとって物を貸すことはずいぶん昔から盛んに行われていたことで、貸衣装に近いものに貸看板というのがあった。武家が奉公人の仲間《ちゅうげん》の者たちに紋付きの法被《はっぴ》などを貸して恰好をつけさせた——紋付きは身分ある者の看板効果があった。貸編笠というのもあって、遊里近くの編笠茶屋で、遊客がかぶって忍び姿になるのに用いた。貸手拭から貸蒲団まであった。これが近代になると、貸おむつに至る。貸ビルが高騰すると貸机屋が現れ、ビル街では貸植木屋といったふう。貸自転車は行楽地などで便利だが、その昔は貸舟、掛御座（屋形船）があった。そして、いま物貸業・レンタル業はさまざまなかたちで存在している。すべての物を私有化する習わしを打ち破る、何でもレンタルで使う高度レンタル社会ということも、一考の余地はありそうだ。

レンタルシステムのことを考えていて、ひとつ面白く思ったことがある。家電機器のメーカーではレンタル専用家電も製造している、という話を聞いたのである。レンタル用

●庶民の金融機関・質屋——昭和二七年頃の大阪の質屋。ローン制度やサラリーマン金融が普及するまで質屋は庶民の手軽な金融機関だった。（写真提供／毎日新聞社）

家電製品は機能はしっかり満足なもので、外観のデザインは好きこのみや流行におもねる必要がなく、購買動機をそそる余計な付加物は何もなくて、非常にすっきりした姿なのだそうである。一般消費者向けの物は林立する他社製品に対して目立つデザインが必要だが、レンタルにはその必要がないからである。

すべてのものがレンタルになったら、世の中スッキリするなァ。それよりも、皆が買うから私もといった持ちたがりの気分がなくなって、本当に必要不可欠なものしかレンタルしなくなって、家の中すっきり。

これを発展的に考えてみると、高度レンタル社会は高度リサイクル社会、高度リ・ユース社会への入口になりうる。すべての物を買ってくるのではなく、借りてきて、要らなくなったら返すことにしたら、はたして借りる必要があるのか、いつまで借りておくか、を考えなおすことになる。そして、返すときに傷み具合によって修理料を取られるとなれば、大事に使うことにもなる。それよりも、「買ったときに消費が終わる」のではないリ・ユース、リ・サイクルが始まる。高度消費産業社会という社会構造にとっては困ることだが、地球にやさしい省資源ということから見れば、ひとつの決定打になる手法である。

だが、ここではそこまで大きく配慮するよりは、家の中がどうすれば片づくか、という小さな観点から物の始末を考えていく地点に立ち戻ることにする。

◉共用から各家庭へ

物を借りることが昔は多かった。各家に風呂のない時代、貰い風呂は一つの慣行だった。それが共用の銭湯になり、やがて各家の内風呂に。電話も元庄屋、役宅のような家に最初に入り、近所の人は緊急の場合、借りにいった。物を共有することと私有するということについて、ここでちょっと考えなおしてみたい。

今どき電気冷蔵庫のない家はない。しかし、冷蔵庫、冷凍庫が大地震などの災害時に備える食料庫にもなるには、自家発電装置を備えなければ無意味。もし災害時のサバイバルのための食料の備蓄を考えるならコミュニティぐるみで大きな冷凍庫を設けるほうが安全だし、トータルコストも効率的である。

●リサイクルショップ——二〇〇三年、大阪にオープンした電気製品、家具のリサイクルショップ。レンタルで貸していた物の販売もする。（写真提供／毎日新聞社）

私はかつて――阪神・淡路大震災の前だったが、某家電メーカーにコミュニティ冷凍庫の開発を提案して、「家電より町電」をと唱えたことがあったが、ケンもホロロであった。それはそうだろう。トータルコストが安いものでは困るのが、消費製品製造者たちなのだから。つまり電気冷蔵庫は「各家庭」電化製品として、家電産業がその産業の存立を賭して「各家庭」で持っていただかなければならぬ物なのであった。

消費文明は私有（個人所有＝私財、家庭で所有＝家財）増加を求める文明であった。だから生活近代化は共有の方向をないがしろにするのが本性だった。

かつて第一次世界大戦の終焉とともに新生ソビエトなどで提唱された共同住宅、ジートルンクという新しい居住様式に、「近代」建築家は期待をよせた。そこに託されたのは、共住の精神的な意義、そして生活装備の共有化であった。

ジートルンクには共同応接サロン、共同図書館、共同浴場、共同洗濯場、共同調理場と共同食事場までが、スペースの節約、物の共有による経済、共同作業による効率から求められた。

だが、産業資本主義の論理はそうした共住のメリットを捨てさせた。仮に各戸での洗濯スペースが三㎡いるとすれば、三〇〇〇戸の団地では九〇〇〇㎡がそれに充当される。共同洗濯場で洗濯機械を装備すれば、三〇〇〇戸分なら九〇〇㎡もあれば事足りるであろう。だが、現実には洗濯は各戸で、合計九〇〇〇㎡をつかって行うこととなり、寿命七年の生命短い洗濯機が各戸に入っていった。さらに浴槽が、冷蔵庫が、キッチンが、ばらばらに全戸に配されることになった。

●買ったもの、おいてけぼり

昭和三〇年代に「家庭電化の夢」にあこがれ、高度成長期にその夢を買いまくり、生活の場は「充実」したかに見えたが、じつは生活の実体が空洞化していった。そして高度成長以後の時代は生活の場の外部のサービス産業時代に。生活の中味を置き去りにして、外へ出て行くことになり、さらに生活の空洞化がすすんでいったのが今の状態――外で生活して戻ってくると家の中はゴタゴタ、という

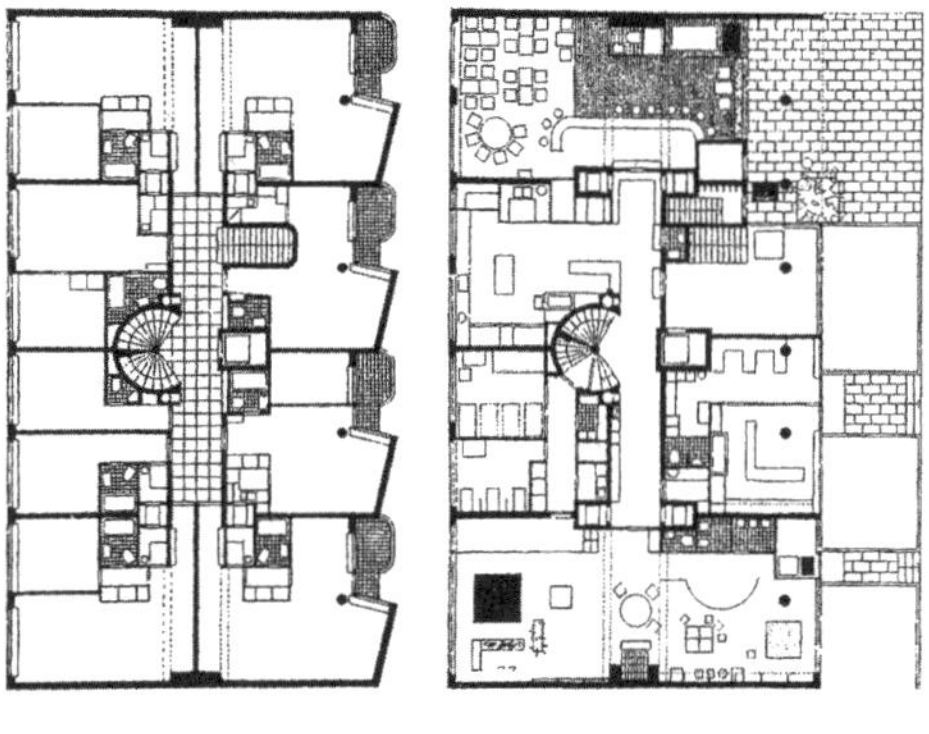

●生活装備共有化の例――子育てや家事労働の相互扶助をめざすコレクティブ・ハウス。一階（右図）にはレストランと保育室。料理運搬用のリフトで個室に料理を提供できるようになっている。ストックホルム、一九三五年。（ドロレス・ハイデン『アメリカン・ドリームの再構築――住宅、仕事、家庭生活の未来』勁草書房）

話である。

産業資本主義・高度消費社会への離陸は一九五五〜七〇年の「家庭電化時代」の生活形成の上に、一九七〇年代からは高度サービス社会への生活の変容が重ね合わされていくことになる。「高度消費生活」がもたらした生活実体の空洞化、低質化に高度サービス社会化が輪をかけていくことになる。新しい集住様式創出の夢のひとつだった共同洗濯場はコインランドリーに、共同炊事場はファミリーレストランや「ほか弁」に。共同浴場（銭湯）は日本で独自に発達した社会的共同利用施設であったが、それとは趣の違うヘルスセンタータイプのものがサービス産業として成立していった。

ファミレスに出かけた一家の我が家にはビストロぐらい経営できるスケールのキッチン装備と食器群がある。そこに起こっているのが、生活の器械化に輪をかけた形での生活実体の空洞化である。ファミレスに行けば好き嫌いの多い子どもたちも好きな物が注文できるし、お父さんもそれなりの物が注文できる（ファミレスなんかで晩酌が楽しめるか、と参加しない向きもあろうが）。食事はカンタンに、しかも比較的安く、たくさんの選択肢から摂取できるが、食材の入手から始まる「家族の食べる営み」としての実体は喪失されている。食べる営みの空洞化である。生活技術のシステムの部分を切りとって製品化（商品化）してきた産業が、生活技術システムまるごとの商品化へと進展したのが、高度サービス産業時代なのである。

かくして生活要素の外部依存——サービス産業依存は、少なくとも家の中が片づく要因とはなり得ていない。毎日ファミレス、毎回ヘルスセンター、洗濯物はみなクリーニング屋まかせ——にしなかったのは、それを実行することによる家庭生活の空洞化を怖れてのことであろう。

しかし、生活要素のバランスをとったうえでのある程度の外部化は、片づけの上でも経済の上でもメリットがあるとはいえる。個の生活形態を社会全体の中で生活システムとして考えていく必要はある。この視点を深めていくと、ふたつの方向での社会システムが大きく関係してくる。やはりひとつは高度サービス社会、もうひとつは高度レンタルシステムである。

2 高度サービス社会

――銭湯の収納システム

コ～ン、タイル貼りの床を木桶が撃つ音。天井高く響くコ～ンの音から銭湯通いの思い出は蘇る。広い湯舟に富士山のペンキ絵。脱衣場から縁側に出て涼めば、植木屋の鋏の入った前栽に、鯉の泳ぐ瓢箪池。我が家の内湯・バスルームではおよびのつかないゆったりした湯と、広々とした空間の豊かさに加えて、近隣知友らとの出会い。

銭湯の愉しみは二〇世紀・忙殺の時代を超える二一世紀の未来に、見直されてよいだろう。そして、そこ――銭湯は、高度サービス社会の温故標本であり、しかも社会的な収納体系を備えた装備空間としても、わが収納論・片づけ学にとって興味深いものがある。

◉身ぐるみ脱いだ物・始末の体系

私の銭湯通い時代の鮮烈な思い出は高校一年生の入学式の日の夕暮れ。いつものように富士山の裾野に広がる湯舟に浸っていたら、「おやキミ、この近所なのかい！」振り向けば今日決まった初見参の担任の先生。男と男の出会い――いや、大人の男とやっと男になりかけの男との裸の出会い。

裸・ハダカ、銭湯は裸で豊かさを愉しむ別天地。銭湯では身ぐるみ脱いで湯をつかい、身ぐるみ着込んで家路につく。その脱いだ物あれやこれ、そして湯をつかうのに要る道具たちを取り出し仕舞う、幾段階にも構えられた仕舞いのシステム、収納の体系が備わっている。

銭湯に行って身体から離す物は、下足は下足、着物は着物と脱ぎすてる段階ごとに、似たりよったり同類の物が動く。ほとんど同類、類似品種だが、絶対的に個人別のものであって、混同はされない。五〇人が入浴中なら五〇着のパンツ（昔は褌《ふんどし》）が脱衣室に存在するのだが、他人のパンツを私がつけるわけ

●大黒湯の威容――北千住に今も健在の銭湯。唐破風・千鳥破風三重構え。昔は正面唐破風の下から入って男女が左右に別れ、真ん中に番台があったが、今は男女とも右脇から入ってエントランスホールの受付カウンターで「銭」を支払ってから左右に別れる。（撮影／ミュー編集事務所、林昌秀）

にはいかない。

下駄にしても然りである。他人の下駄は足癖が、歯のちびかた、鼻緒のゆるみ具合に個別化している。しかしそれより前にアンタッチャブル性、穢《けが》れ、不浄性を帯びているのである。他人《ひと》の下駄を履いてしまったときのあの感触は思い出しただけでもゾッとする。靴を履きちがえたりしたら、もうゾクゾクッとして、家へ帰って熱湯消毒しても気が納まらない。

◉ちょっとの間、ちょいの間収納

銭湯の収納はそういう心理的危険物の仕分け収納システムなのだが、しかもその仕舞い時間は短い。入れ替わり立ち替わり、同類なのに混同は絶対許されない物が、ほんのひととき、ちょっとの間《あいだ》、ちょいの間《ま》収納。

湯を使うときの道具――手拭、石鹸、へちま、束子《たわし》、軽石、女性なら糠袋《ぬかぶくろ》、今ならバスタオル――は貧乏だった私の家では、家でも使う物を銭湯にも持っていった。小桶に入れて、小脇にかかえて通《かよ》った。

ちゃんとした家では、銭湯に留桶《とめおけ》を預けた。留桶はもともと自分専用の湯汲み桶。風呂屋の洗い場に積んである桶は共用の物。他人が垢《あか》まみれの石鹸液を溜めるような使いぶりをしたのを湯を注いでパッと返せば、それがお清めになって、私らには充分使えた――顔も洗えたのだが、穢れ感を気にする大人は自分専用のを使いたがった。そこで自分用の湯汲桶を風呂屋に留めて（置いて）おくのが、留桶。それが湯道具の容れ物にも利用された。これで風呂屋の行き帰りは手ぶら。留桶は脱衣棚ができてからはその頂上に置き並べた。位置はだいたい決まってくる、一目でわかる出し並べ収納。

脱いだ物全部――これはもともとは自前の一枚の布を広げて、そこに脱ぎ積み、四辺をよせて結んだ。風呂敷の語源はここからきているという。昭和三〇年代（一九五五～一九六四）までは口の広い籐籠を床に置いて使った。一杯になったのを開架の棚に収める風呂屋もあった。

私の銭湯通いは高卒までだったから着の身着のまま無一物。だからどんどん籠にぶち込んでそのまま洗い場へ。だが旦那衆、紳士たちは着物も懐中物も値の張るものなきにしも

●銭湯脱衣場――昭和初期の雰囲気が残る銭湯の脱衣場。右手奥にロッカーが設けてあるが、左手前には籐の脱衣籠がある。（写真提供／毎日新聞社）

あらず。だから籐籠の底に風呂敷を広げて放り込み、最後に結んで板の間稼ぎ[*1]防護に備えた。やがて脱いだものは壁側の錠鍵つきの戸棚に入れるようになった。

その鍵は洗い場に、湯舟に、身につけて行かねばならない。すっぽんぽんが身上の湯の場に、「身につける道具」がひとつ発生したのである。

すっぽんぽんの身体にポケットはない。これは困った。結局、ゴム輪で手首に、皆がそれをやっているのは鼻白む景色。不気味でさえある。それが厭なら湯道具桶に放り込んでおくしかないが、鍵は手離したら鍵を掛けた意味がない。板の間稼ぎがその気になれば、まるで「盗ってください」状態。そのうち電子チップ化――ユビキタス（マイクロコンピュータ・ネットワーク）システムによって、鍵は超小型化し、指輪かイヤリング、よろしければ鼻輪にでも。いや、切手よりもずっと小さいシールをおでこに貼っておくぐらいのものに進化しそう。ゴム輪式でもう少し我慢してお待ちください。

こうして錠鍵システムは不信用公共社会の共用収納装備の「決め手」になって、限りない進化を遂げていくであろう。

だが、それで幸せになれるか、という問題はある。ことさら銭湯はくつろぎの豊かさを愉しむ空間である。その心境を錠鍵で守ることに、矛盾を感じる。それも感じなくなったら――私は「世も末だ」といいたい。もともと脱衣場に錠鍵ごときはひとつもなかった。風呂敷を結ぶ――結ぶとは許可なく解いてはいけない「約束」の錠鍵であった。その約束が器械化されたのが、断固たる一方的施錠であった。

「結び」の約束事を破る板の間稼ぎ、それを見張るのは番台さんだった。

「大きくなったら何になりたい？」

「番台さん！」（青春時代の憧れの「お役目」）

番台さんは風呂代の勘定係であり、男湯・女湯の見張りでもあり、「そろそろ子どもをそっちへやるよ」というお父さんの、女湯にいる奥さんへの伝令役でもあって、男湯と女湯の境目の一段高い台の上にいた。見張りの役を器械の番人「錠鍵」に譲った番台さんは、高いところから降りて、レジ・カウンターにすわることになった。

脱衣場の壁に並ぶ戸錠の列は、世知辛さと

＊1　脱衣場専門の窃盗。

●銭湯の番台――昭和三〇年の銭湯の番台（東京）。脱ぎ捨てた物はすべて脱衣籠に放り込んだ。（写真提供／毎日新聞社）

不信と責任転嫁の複合した文化風景とみてよいだろう。それがなんとも銭湯、風呂屋、湯と空間の豊かさにくつろぐ雰囲気に似合わない、というより矛盾の景観だと、私には思えてならないのである。

●下足の板札
――いの一、いの二、への五、への六

男湯・女湯を分ける暖簾《のれん》をくぐると、まず脱ぐのが下駄、サンダル、運動靴、近頃はジョギングシューズ、スニーカー。その脱いだ物、大昔は旅館と同じく下足番が管理していて、顔を見て奥から出してくる「肖像記憶センサー」が働いていたが、やがて開架の下足棚へ。自分で位置をだいたい覚えておくようになった。それがさらに、多くは昭和三〇年代になって、小扉つきの下足入れとなって、それぞれに錠がついた。

皆が皆、建物の入口で下足を脱ぐ。銭湯はもとより学校、公民館、お寺さん――これは世界に類のない風俗文化であり、少なくとももう一世紀ぐらいはつづくだろうし、さらに拡大していきそうな気配もある。皆が脱ぎ履きするのだから出入口の風景が大きく影響され、モダン建築でもデザインのぶちこわしになってきたが、未来建築ではいっそうデザインに窮するであろう。その、不特定多数の脱ぎ履き空間をかなり上手にデザイン処理してきたのが、旅館の玄関構えであり、銭湯の暖簾の奥であった。

古式の銭湯は各家がバスルームを備えるようになり、一方でヘルスセンターなどに喰われて、多く廃業してしまったが、現代に残って営業を続けている銭湯も僅かながら点在する。その一軒を訪ねてみたことがある。

東京は都の東北・北千住にある古式銭湯「大黒湯」。建物は巨大にして威風堂々。唐破風・千鳥破風の三重に重なる瓦葺き。なぜ都の辺地にこれほどの、お寺の本堂とも見まごう大建築が？　じつは北千住は関東平野と大東京を結ぶ交通の要衝、さらに西国や東北からの水運もここに達する物資交流の要の地として栄えた地域。

その唐破風の暖簾をくぐると、ずらり戸錠つきの下足入れ。上の左端からいの一番ろの一番～よの一番と一五扉。下方へはいの二、いの三～いの七と七段、計九五扉と壮観。下

●大黒湯の下足室――下足札が発達させた下足室。傘立てまで「札付き」収納に。左手の先が受付けカウンターのあるホールになっているのだが、男女雇用均等法に代表される男女平等化が文化景観としてここに立ち現れていると感動するのは、昔の銭湯を知る世代までだろう。（大黒湯　撮影／ミュー編集事務所、林昌秀）

足入れの小扉はアルミ鋳物の六センチ角ほどの錠に素木の板の裏に高さの違う切り込みの溝の付いた板鍵。幅五センチ、成九センチ、厚さ七ミリ。脱衣戸棚のほうの鍵は身につける必要から金属板の板鍵にいち早く変わったが、下足の板鍵は脱衣棚に入れておけばいいので、大きくても支障はさしてない。それでも時のいきおいというものがあって下足の方も小さな金属板鍵に変わっていったが、大黒湯さんでは昔の銭湯の風情を残そうと、下足入れを平成六年に新調した時に少々小型のシンプルなものにモダナイズはしたものの木札の板鍵を残した。

板鍵の施錠原理はしごく簡単。板の裏に彫った溝をガイドに、錠のほうに出ているピンの高さまで板を落とし込むと、板の重さによって梃子《てこ》の原理で下方に空出している「舌《ぜつ》」が上がって扉の開閉が自由になり、板を引き抜くと、舌が下がって扉がロックされる。

錠箱のアルミ鋳物に松に竹のマークが鋳出されているので「松竹錠」と呼ばれる、もとは銭湯の錠を一手につくっていたメーカーのもの。ちなみに今はビルの上階にある居酒屋チェーン店などに松竹錠も進出している。こっちも金属板錠が圧倒しそうな勢いだが、一種の面白さ（ノスタルジーも含めた）と、酔っぱらいの紛失癖から大きな木札の板鍵は生きのびそう。

木の板鍵とはいえ、壁一面に一〇〇点近くが整然と並ぶ風景はいかつい。風に吹かれてひと風呂浴びに、の雰囲気とはそぐわない。下足なんて、しかも銭湯にぶらりつっかけて出る履物なんて、板の間稼ぎの標的にはならないのに。

たかが下足。されど下足、なのである。悪気はなくともうっかり間違えて履いていかれると、残された下足の持ち主が帰るに帰れず、これは困る。他の人のを片方ずつ、片々に履いていかれると二人が困る。似たような安物の、同サイズの物も多いが、先述のように足癖による個別化が履き心地わるくし、アンタッチャブル性も加味されて、履くに履けないので、こんないかつい履き違え防止策とあいなったのである。

収納モンダイは各家の玄関に始まり、公共の出入口に拡大しているのである。これは日本に特有の床の文化――居住様式のありよう

●板鍵の下足札――大黒湯では昔の銭湯の面影を下足札の板鍵に託している。といっても平成六年の新調で、板を小振りで軽いものにし、鍵溝を板裏に彫って目立たなくしている。（大黒湯　撮影／ミュー編集事務所、林昌秀）

と深くかかわっているがゆえに、大きな課題たりうるのである。

◉コインロッカー症候群
――ちょいの間収納のブラックボックス

ちょいの間収納、仕舞う人が次々変わる入れ替わり立ち替わり収納として、下足入れは世界に例のない日本的収納文化だが、コインロッカーはインターナショナルな社会的（公共的）装備であるといってよい。私も旅行が多いので、よくお世話になるありがたい存在である。ただし、誰でもがなんでも入れられるところが怖くもある。

公共コインロッカーの初設置は、昭和二八（一九五三）年東京駅八重洲口からだが、約二〇年後、すっかり定着した昭和四九（一九七四）年、新しい使い方が生じた。この年二月に赤ん坊（嬰児）の屍体を放置――コインロッカー・ベービー事件が渋谷駅で生じ、東京駅、大阪駅などでこの年四三件の同類事件が続出。その後、コインロッカー・ベービーブームは去った。そうした可能性を秘めているわりには、事件が比較的少ないように私には思える。

コインロッカーは公共性のある社会的収納装備だといったが、その存在を頼りにしたために、えらい目に遭ったことがある。

花の都・パリのオルリー空港に降り立った朝のことである。道具学会のフランス探検――エコミュゼ[*2]めぐりの旅の第一日。一行は日本の各地からそれぞれの都合で飛んでくるので、集合場所と時間を決めてある。夕方一六時にモンパルナス駅北口のどこそこに集合！　ならばまる一日をパリ散歩と決め込み、エアポート・リムジンでモンパルナス駅へ直行する。

旅の荷物はコインロッカーに預けて、身軽になって花の都をひとめぐりしようと思ったのだが、コインロッカーも手荷物預かり所も全部閉鎖されていた。なんとテロ防止対策で、全都のコインロッカーは皆使用不能とのこと。私の旅は荷物の少ないほうで、車輪つきのカートひとつだったが、やはりパリ散歩には重荷であった。大きなスーツケースだったら、一日を棒に振る羽目になるところであった。公共収納装備は人を裏切ることがあるのかァ――しかも全都のスケールで、だぞ。

＊2　近代化直前の親自然的生活を復元した野外博物館

3 引越し苦の抜本的解決法

——コミュニティ・ストレージ利再来《リサイクル》センター

「片づく家の設計術」の最初の例「全面床下収納の家」(七九頁)では、もとの棲み家にあった家財を全部搬んで、次の棲み家(の床下)に納めたが、物が詰まって身動きがとれなくなっての引越しでは、少々大きな家に越しても引越しに際して物が膨張するので、「片づき」効果はないとみてよいだろう。しかも現実の引越しには大きい家から小さい家への引越しもある。結局、引越しの時に物を詰め込んだ段ボールを開けきれないまま次の引越し、なんてこともある。

どんな家族でもいざ引越しとなると、膨大ながらくた(失礼——お宝)と、あらためて直面させられる。これは要る、これは要らない、これは「わからない」。この「わからない」が圧倒的。これはいつか要るときが来ないとも限らないというのもあるが、要らないけど捨てられないものも多い。心は千々に乱れて、苦しくなる。引越し苦である。

私も「同病の人」なので、極力引越しのドサクサにのって捨てることを避けて、新しい生活をしながらじっくり取捨するほうを採りたくて、全面床下収納から魔法瓶ハウスまで引越し苦を反らす知恵を働らかせてきた。

しかし、もっと合理的な引越し苦解決の手法があるはずである。それを考えてみよう。

●カレーライフ・ニュータウンでの思考実験

そう、九坪小住宅の床下全面収納の家のその後——一五年後の後日談を紹介しよう。

一九六五年、二五才で四畳半を脱出した我が友は今や四〇代の中年夫婦。一九八〇年に当時さかんに開発されていたニュータウンに引越すことになった。

九坪小住宅に引越したときは見事に片づいていたこの家も、子どもが生まれ、育つうちにどんどん物が増えていき、床上は物溢れで身動きがとれなくなってきた。子ども部屋も要るということになって、引越しを決意。庭つき戸建て住宅団地カレーライフ・ニュータウン（仮称＝引越した時は華麗ライフ、やがて加齢生活《カレーライフ》になる、の意か）に、公団でいえば3DKの住戸を建てて引越すことに。

はてさて引越し先が3DKで、片づいた生活を始められるかどうか、すこぶるあやしい。そこで私の思考実験。このニュータウンは育ち盛りの子どもをもつ家庭が圧倒的に多い。彼らの世代の引越し苦をナントカするために引越しサービス業、貸倉庫業、リース業、リサイクルショップ首尾一貫片づけ屋を開業することにした。

私はカレーライス、もとい、カレーライフ・ニュータウンを囲む農村地帯の農家の一軒を訪ねた。代々農業をやってきた農家だが、当代になって子どもたちが町へ逃げてしまった。当代夫婦は加齢のため農業が続けられず休耕してしまった。そういう農家が多かったため土地が買収できてニュータウンが開発できたのであった。農家の加齢のおかげでできたニュータウンだから文字どおりカレーライ

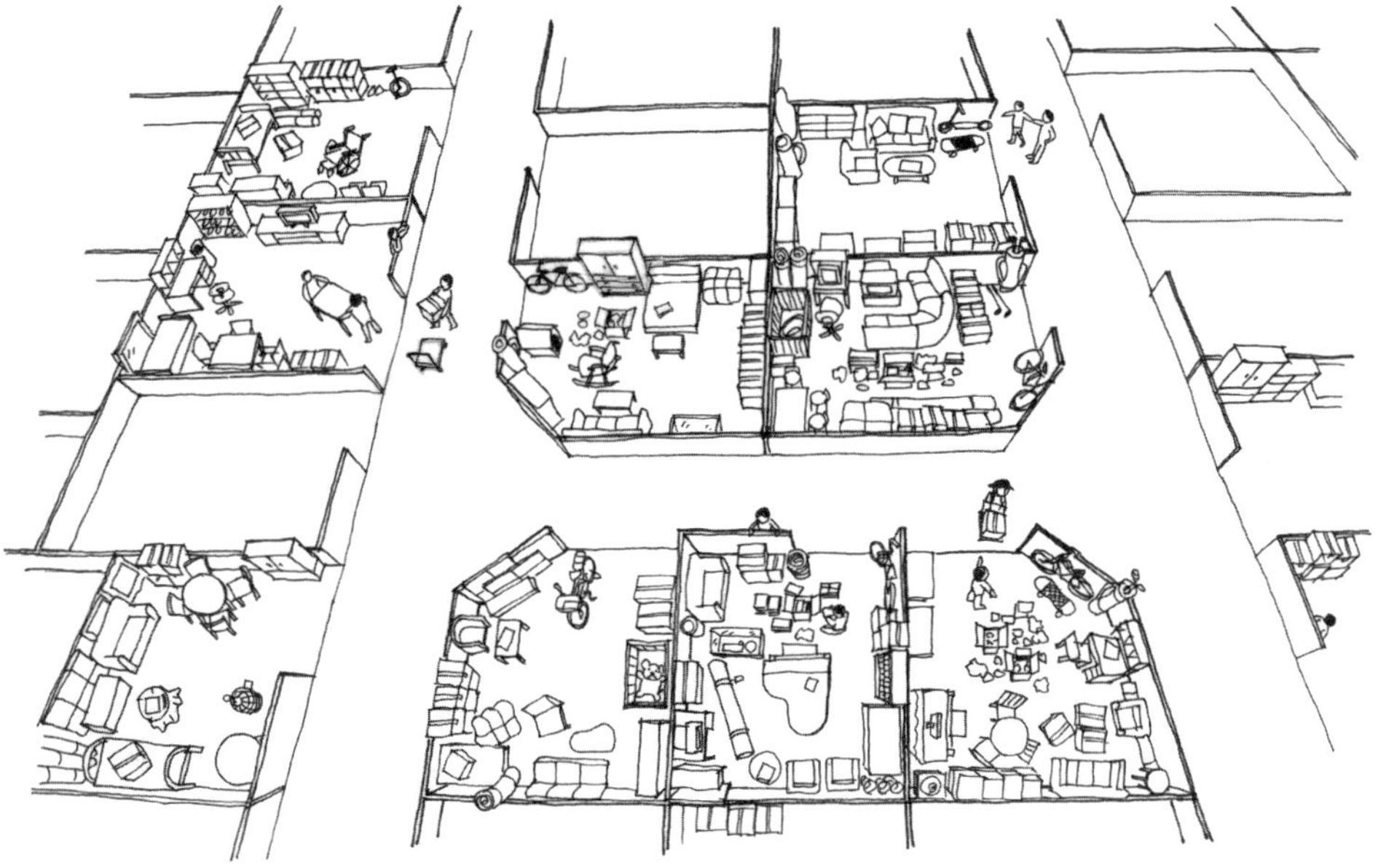

●カレーライフ・ニュータウンの引越しセンター物置場——分譲敷地の縮小サイズの各家敷地に、引越し荷物を全部出し並べられるようになっている。当面要る物だけ引越し先の家に取り込むこと。ついでにこれも……は絶対にいかん。元の住まいと同じになってしまうから。一～二年後からはリサイクルショップになっていく。

フ・ニュータウンなのだった。

その、ニュータウンに土地を売り損なった農家を訪ねたのだからふたつ返事で広大な農地を貸してくれた。仮に一〇反《たん》（一反は九九一・七㎡）ほどとしておこう。そこに引越しセンターを建てた。約一万㎡の屋根と外周壁だけの平屋。各家の引越し荷物は各戸に直接届けるのでなく、この平屋の中の区画に全部開梱して、必要なものを小型トラックで各戸に納めていく。各戸は一年の間、自由に出入りできて、必要なものを探して持っていける。

一年ないし二年が経過したら、残った物品は私の会社がお預かりして、他家にリースしてよいことにする。各家は何年か経って家で要らなくなった物は、ここ――残り物の山に加えて良い。この方式の原理は第3章1節の九坪の家全面床下収納を私の引越しセンターのほうに設けたのと同じこと。残り物をリースできるようにしたのが新しいアイデア。

九坪の家から引越してきた我が友は、子どもが生まれたときに買ったベビーバス、ベビーベッド、ベビーサークルを後生大事に持っていたのだが、引越し荷物開梱場から新しい家へは搬んでいかなかった。カレーライフ・ニュータウンで赤ん坊が生まれた家があって、お父さんがベビーバスを探しに来て、ついでにベビーベッドとベビーサークルをリースしていった。以後、毎年のように借りていく、返しに来るがくり返された。お年寄りのいた家からは介護ベッドや車椅子が戻ってくる。これも探していた人が持っていった。リ・ユースシステムが成立していった。そのうち引越し荷物の中で家に入れたくない物には格安の値札をつけてもらうことにした。こちらは手数料をちょっと加えておく。「カレーライフ・利再来《リサイクル》センター」の成立である。

「九坪の家」でお話ししたように、このカレーライフ・ニュータウンでも各家は引越したその日から生活景観のよく整った華麗な生活《ライフ》が展開された。

●カレーライフ・ニュータウンの住民インタビュー

奥さんA――「親戚が公団住宅に住んでいて、訪ねたんですけれども、ベランダにいろんな物がごちゃごちゃに積んでありまして

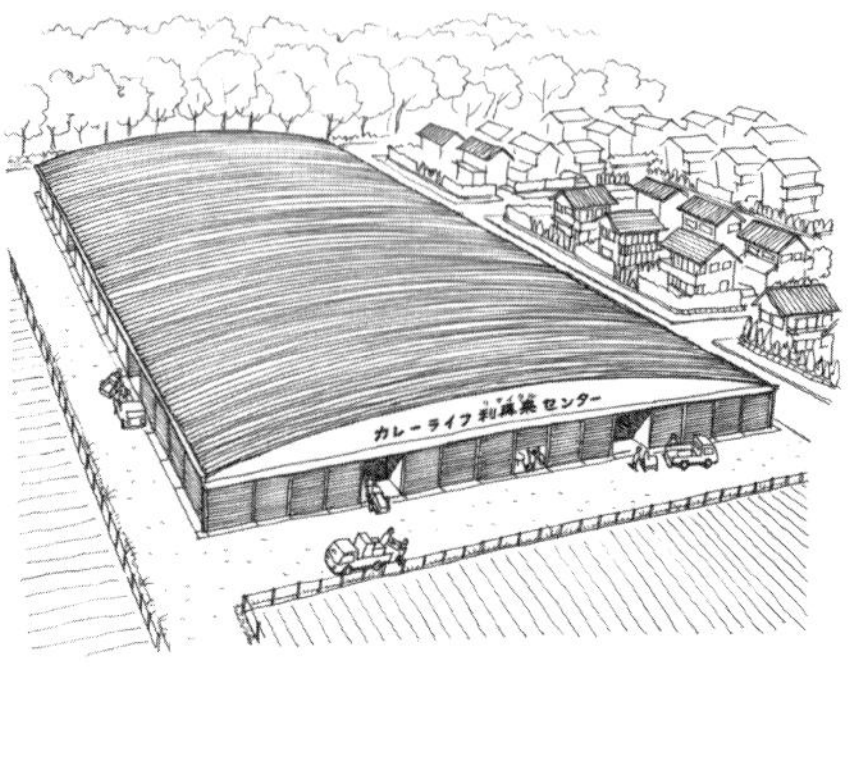

●カレーライフ・ニュータウンの利再来センター――この施設のないニュータウンでは各住戸の室外とベランダに、窓ぎわ族ならぬ家ぎわ族としてまとわりつく物たちの景観（一〇頁）が現出するのは当然のなりゆきである。

ね、それが雨で汚れて、もう家の中には入れられないんです。ベビーバスが軒下の壁に掛けてあって、そのまま風化してるんです。気持ち悪かったわ。あのベビーバスを使った子はもう高校生なんですよ。引越しセンターに物置場があれば他の人が使えますのに」。

奥さんB――「このごろ少子化でしょ。それに親戚もみんな遠くなっちゃって、それでまだ新しくて充分着れるのに、捨てるほかないんです。でも引越しセンターの物置に並べておくと、よその子が〝おさがり〟を着るんです。ニュータウン全体で〝おさがり〟がまわるんです」。

少年H――「切手のコレクション始めたんだけどォ、引越しセンター物置場に行ったらァすごいコレクションが出てたんだァ。途中でヤメた子が、引越し荷物には入れたけれど、家へは持って入らなくて叩き売りに出したんだ。そこからコレクションの続きを始めたんで、友だちにスゴイっていわれた」。

高齢者S――「昔はね、粗大ゴミ置き場の前を通ると、ついつい目がいってね、使えるモンが出してある。外に出しておくとたちまち傷むからね、屋根架けといて、じっくり見て回れたらいいと思ってたら、このニュータウンにきたら、ものすごく広い粗大ゴミ置き場があって、毎日まわってて飽きないんだよ。こないだは榧《かや》の立派な碁盤があってね、それを買って来ちゃった。もちろんいくらか払ったけど、まあロハ（只）同然だったよ。でもね、碁盤が榧の無垢となるとね、はまぐりの白と那智石の黒でパチンパチンとやりたくなって――これが引越しセンターの物置場にはなかなか出ないんで、とうとう町の骨董屋で見っけて買った。結局タケエモンについただよ。でもね、これで棋譜を見ながら一人でパチンパチンとやっていたら、年寄りが通りかかってね、その音がいいってんでうちへあがって来よってね、碁友ができたよ」。

二〇年前にこの試みが実現して全国に広まっていたら、これはもう収納大革命であり、引越し苦も収納苦もなくなり、この本を書く必要もなかったのだが、じつは実現しなかった。それはベビーバスメーカーや介護ベッドメーカーなど諸々の消費財産業にとっては幸いなことであった。

4 生活文化財ひと揃えの社会的収納庫の提案
――じつはもう手遅れだった

◉寥々《りょうりょう》たる生活文化財のストック
――文化財の収納庫

家の文化は三代の物が溜まってはじめて見えてくる、という。曾祖父母、祖父母、父母のつくり出した文化が重なり合って、子・孫に継承されて増幅され、変化していくもとになる。え～江戸時代の話？　明治の話？　書いてみたら古くさ～い感じがして我ながら驚いている。けれども、じゃあ核家族一代限りで文化になるのか、というと心もとない。親子の間でさえ世代間ギャップ、親が子世代の生きざまにあきれ、子は親たちの暮らし方を見放し――となると、切ないものを感じる。

生活とは生存だけではない。家事万般能率良く自動化していけばそれで充分とはいえない何かがあって、それが生活文化であり、生き甲斐の源泉であろう。生活における物とは何かという問いは、片づけ論の根幹にある問いである。

この問いが、また近代の消費産業社会の生み出した消費財を取り込む暮らしが文化を生み出しうるか、家の中に溜めていく文化財としての資格があるのか、という問いにつながっていく。これはえらいことだが、やはり一応まともにぶつかってみる必要はある。

私は片づけ論の中心的な視点として、「捨てろ捨てろ、捨てれば片づく」という整理学の主張に触れないできた。問題の核心はどうも捨てられないのはなぜか、なぜか捨てられない――そのなぜかは何なのか、というところにある。逆に何でも捨ててしまえる精神状況の人たちにも怖いものがある。何が怖いのか。問題の核心はここにもある。

・捨てていい物は生存財――生命・健康維持に必要なもの。その機能がダメになった物は捨てられる（さびた庖丁、穴のあいた鍋、欠けたすり鉢、破れた履物、度の狂ったメガネ）。

・捨てられる物は消費財――心が離れるもの、生活ドラマの記憶を止めないもの。
・捨てられない物は生活財――生活文化を演出するもの。
・捨ててはいけない物は文化財――生活文化を語るもの（思い出の詰まった電気炊飯器第一号を預かってくれ、と郷土館へ）。
まずはこんなふうに見分けをつけて[*3]（分類して）、それぞれの物の居場所と居かたを定めていくことから片づけを始めよう。

課題は生活財、文化財をどうするかである。3章2「北国カナダのさいはての玄関――望楼の間」（八三頁参照）――その玄関の間には一家の成長やご先祖さまのアルバムからお婆ちゃんの小学校時代のノート、教科書、成績表（通信簿）、お爺ちゃんのランドセルまで。じつは我が家の歴史記念博物館ルームはマンションでも可能だし、戸建て住宅なら屋根裏博物館（アチックミュージアム）が可能である。

今どきの住まい、通勤の都合などからずいぶん居住条件は制限されてしまっているので、三代家族文化・家庭博物館を設けるどころではない――のはわかる。しかし、核家族が一世代ごとに、住まいごと滅びていく――全国一律にそうなってしまったら怖いものがある。日本の生活文化はあてどのない流動体になってしまう。

生活文化財のストックはマイホーム・ストレージ、コミュニティ・ストレージ、パブリック・ストレージ、ナショナル・ストレージのネットワークとして保たれていくべきである。生活文化財の総合ストックをどうすべきかは、国家の文化政策の課題である。ことに二〇世紀の生活文化がどう興り、どう発展し、どんな物が国民の生活の場になだれ込んでいったのか、その物証は寥々たるもの。

そこで私は二〇世紀末のある日、文部省文化財課（当時）に「二〇世紀生活道具総集館」を提案したことがあった。

ひとつにはこれまで日本で製造されてきた製品のすべてと、それらには外国製品の模造品が多いから、そのオリジナルの外国製品全部を集める。それと、これから製造されていく製品も全品集めるシステムをつくる。日本では国家レベルでの文化施設として国立国会図書館がある。ここには全国の出版物を各々一冊ずつ納入することになっている。それと同じことを工業製品にも適用する「国立国会

＊3　道具の分類となると、ちょっと怪しい言い方がどうしても露呈してくる。道具そのものが多義性を持っている――いろんな意味を一身に体しているから、これは仕方がない。

道具館」をつくるべきであると提案したのである。

反論があった。それには巨大な収蔵スペースが要るが、国家予算がない、と。「ありますよ」と、私は答えた。ひとつには全国の高速道路の下が空いている。あれに壁をつけて、そこへまず集めたらいい。ただし空調など効かないので保存によくない。本格的な分類収蔵には上越山岳地帯にちょうどいい厖大な収蔵庫ができている。あの辺は古くから鉄道のトンネルを掘ってきた。線路や車両が大きく変わると、古いトンネルは出入口をふさいで、新しいトンネルを掘る。その古いトンネルが何千キロもある。トンネルの中は暗くて、涼しくて、水はけもよい。物を運ぶトロッコ・カートのための線路まである。鉄のレールは外して再利用しているかもしれないが、枕木までは残っているから再敷設はカンタンだ。単線トンネル一キロで何千㎡、だから何千万㎡の博物館ができる。大きな物は山の中でトンネルの横丁を掘り広げれば土地買収費もいらずにいくらでも広げられる。

産業立国を遂げた日本である。その物証（製品のすべて）を国として一個ずつぐらいは持っているべきである。そうすれば、その製品の輸出で海外を席巻した品々がどれとどれであったかが確かめられる。また内需に向けて国民の生活の場をぎゅう詰めにした品々に、伝統の生活文化を滅茶苦茶にしてしまった罪を問うこともできる。新生活創造の使徒として送り込んだといい張れる品々を体系的に残していないのは、国として間違っている。

文部省いわく「いや、それは製造した企業が責任をもって残すべきですよ」

私「物を製造する企業というのはね、最後の一品まで売って完売する根性の人たちがやっているので、残さないんですよ。残っていたら社員が叱られる」

ある社員がしこしこと自社製品史をつくろうと、過去の自社製品を溜め込んでいた。その社員が病休していた最中に、それが見つかった。「売れ残りがこんなところにあった」「もう売れんとナ」というハナシになって、本人が復帰したときには根こそぎ捨てられてしまっていた、という実話がある。それでも社史を語る自社記念館（企業博物館）をつくろうという話になったりする。そうすると、昔売ったものを草の根を分けて探して買い戻したり。だから新製品をつくったら国立国会図書館、いや国立国会道具館に納めさせるほかない。

◉デパート全品買い占め作戦
——二〇世紀末生活道具博物館

次の話も実名を挙げて申し訳ないが、二〇世紀末の文化庁に呼ばれていったときの話である。テーマは「文化財指定の年代引き下げについて」であった。文化庁の、当時の（今もそうだろうが）文化の見方とは伝統文化はずっと昔の文化、というイメージを守っていた。だから伝統文化の生み出した文化財とは、明治時代までの物という線引きがあった。いつ頃の線引きかはわからないが、文化庁ができたとき、とすれば昭和四三（一九六八）年に、我が国の伝統文化は明治まで、となっていたのである。そして文化庁ができてから三〇年近くを経た世紀末、日本の伝統文化を支えた文化財は大正時代の物まで時代を下げてもいいのではないかという話が興ってきての検討会だった。

私は「大正時代」というのはおかしい、と

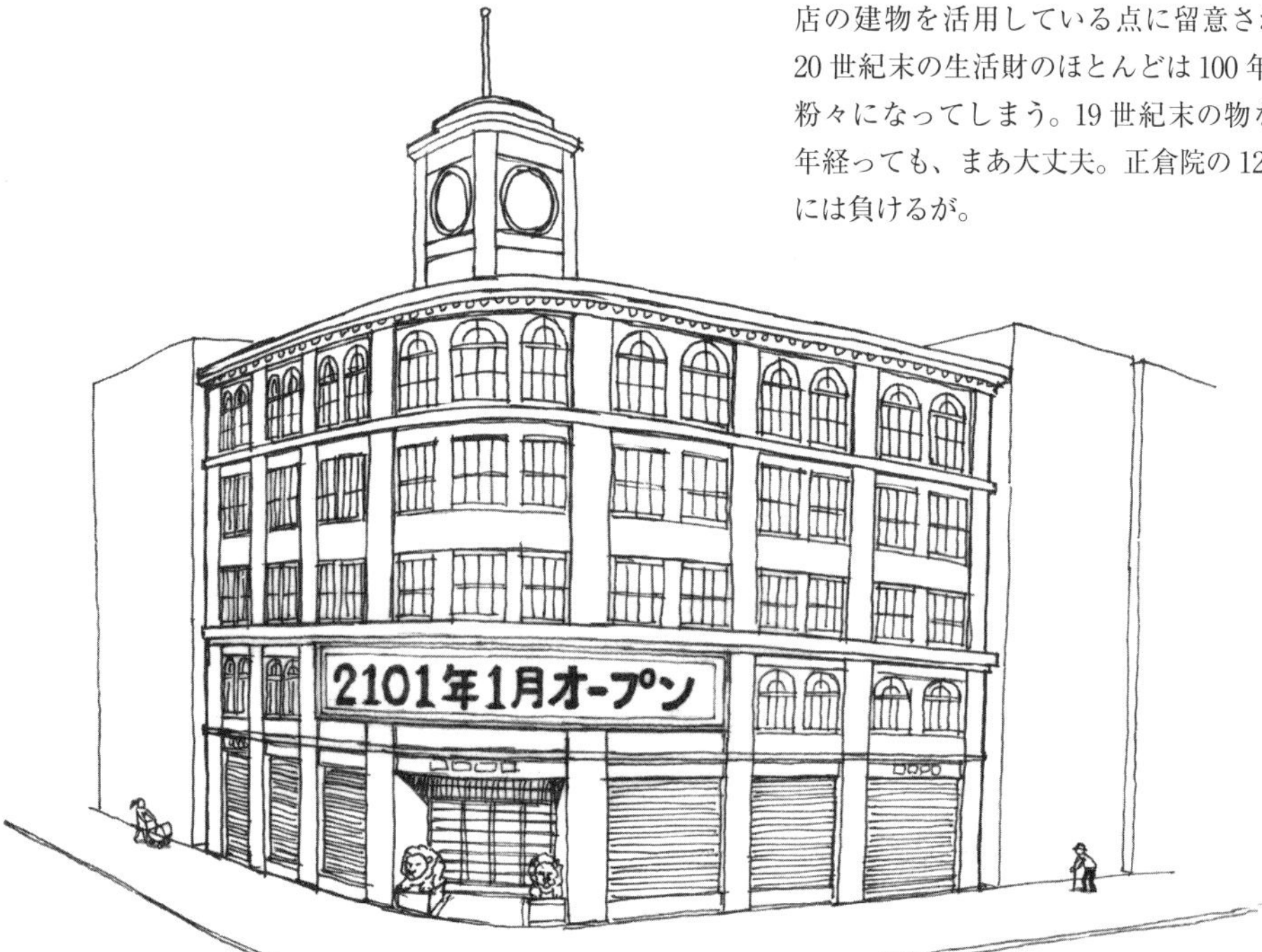

●20世紀末生活道具博物館——ある時代の生活文化財一揃え収蔵庫構想。19世紀末百貨店の建物を活用している点に留意されたい。20世紀末の生活財のほとんどは100年後には粉々になってしまう。19世紀末の物なら200年経っても、まあ大丈夫。正倉院の1200年物には負けるが。

いった。文化財を散逸消滅から守る庁は、伝統文化を未来につなげる役目なのだから、今現在の文化財を未来に残すべきである。大正時代の文化庁（もしその時にあれば）は江戸末までの物を守り、昭和の文化庁は明治末までのを守り、平成の文化庁は大正時代まで守る、というのはおかしい。集めにくくなった物でないと、集めようとしないのはおかしい。集めにくくなれば見つけ出すのに人件費がかかり、購入費用がかかる。文化庁の予算は知れている。一〇〇年前の物は集めるのに骨が折れるし、高くつく。今、現在の物を集めたら、集めやすいし、お金も桁違いに安くすむ。それが一〇〇年後には財宝の山に変わる。

そこで提案。今は一九九×年である。もうすぐ二〇〇〇年を迎える。二〇〇〇年の年に、一年間かけて、大きなデパート数軒の、売っている物を全品一品ずつ買い集める。現在の市販価格だから安価である。それをさらに割引してくれるかもしれない。そして二〇世紀末生活道具博物館をつくって納めておく。今どきの物しか集めてないから当面誰も見向きもしない。だから密閉しておいて（生活史研究者には入館させてもいい）二一〇〇年にオープンするのである。一〇〇年前の、たとえば「水洗便所の蓋カバーコーナー」とか「スリッパ一〇〇種」「ぶらさがり健康器や走らない自転車（アスレチック用）」などなど珍しいものがいっぱいで大笑い⁉

文化庁いわく「たいへん面白いお考えです」――その後、二〇〇七年の現在まで応答は一切なかった。生活文化財の悉皆《しっかい》（＝ぜ〜んぶ、ひとつ残らず）保存は至難の業である。「悉皆」資料がないと、生活文化研究は不可能なのだが――。

◉崩壊する文明――開けたらぱっと白けむり

私の話にはどんでん返しが多いので、あまり信用しないよう、ご用心いただきたい。実は二〇世紀末生活道具博物館のためにデパート買い占め、というアイデアはたいへんすぐれているようで、じつは大きな落とし穴があったのである。

仮に私のアイデアが文化庁（当時の）に受け入れられて――光陰《こういん》箭《や》の如く幾星霜、二一〇〇年正月、二〇世紀末生活道具博物館愈々《いよいよ》（こんな字はとっくにナイか）オープン！

未知との遭遇に期待を込めて、一〇〇年前の人たちって、どんな生活しとったんやろ（関西弁はまだ健在か？）と入り込んだ人たちの見た光景は！

ちょっと、二〇〇七年時点に立ち戻って、私の身の上話を聞いていただくと、二〇世紀末生活道具博物館の二一〇〇年オープン時の館内の様子がわかっていただける。

私は一九六〇年代からのスキーヤーである。スキー板はさすがに単板時代ではなく、合板にプラスチックラミネーテッドのモダン板に変わりつつあったが、足元はまだ革靴時代だった。その私が立体成型のオールプラスチックのブーツをはくようになっていった。初期のオールプラスチックブーツは高価なものだったから革靴以上に大事に「したかった」のだが、拭きあげるまでもなく洗っただけでツルピカで、保革油を塗ったりする気配りを受けつけない。それがまた素晴らしいことでもあったのだが、事情があって物置に数年（意外に一〇年に近かったかもしれない）放置していたことがあった。そして事情から解放された私、再びスキー遊びに、と勇んで物置へ。

スキーブーツは置いたときのままだったが、何だか生気がない。おお、元気だったか、とムズとつかみあげたら上の端だけが手についてきた。エッ！　と驚いて両手でブーツをゆさぶると、ブーツはグタグタと崩れていった。立体のプラスチックが無数の破片に分解していたのである。高価だったから親の代からの革靴より大事に永持ちさせる気だったのに、消耗品だったのかァ。

崩壊するマイコレクション――自己崩壊するプラスチック造形の実景を目の当たりにした私、ゾッとして物置の別のところに並べておいた木箱の方へ駆け寄った。ヤッパリ。

私の子どもたちはゴジラなどの怪獣時代末期生まれで、おもちゃ箱の中にはずいぶん怪獣に類する物も多く、玩具はほとんどプラスチック製のものばかり。それが時代の流行にのって、どんどん変わっていくのが面白いと思った。そこで、どんどん買い与えて（ねだられてだが）、すぐに飽きるのを見すまして物置の木箱に溜め込むことにしていた。一時代の子どもたちの玩具コレクションである。子どもたちの成長は、これも光陰箭の如くで、一〇年余で玩具コレクションは完成、というか新種を放り込むことがぱったり絶えて、そのままになっていた。いずれどこかの博物館にまるごと寄贈するつもりではあったのだが――スキーブーツの自己崩壊に驚いて、さてはと駆け寄ってみると、いろいろな形で傷み、割れ、はがれ、崩れかけていた。これでは五〇年は保っても一〇〇年経ったら大半が粉々である。

このことを昔の人が知っていたわけではないが、浦島太郎が玉手箱を――開けたらぱっと白けむり、たちまち太郎はお爺さん。もちろんプラスチックもそれなりに進化している。それにプラスチックも種類によって劣化のスピードもいろいろだろう。一〇年放置しておいたら自己崩壊するようなスキーブーツはもうないかもしれない。しかし、プラスチックは本質的に経年変化を免れない本性を持っている、とはいえる。ことにアウトドア用品はその名からもついアウトドア向きにつくられていると思いがちだが、アウトドアに置いておくと、劣化が激しいこと、意外なほどである。アウトドアでは時間の経過が屋内より速いのではないかと、思われるほどである。

二〇世紀の工業製品は極薄鉄板技術と共に進化していき、これにプラスチックが加わった。大半の物がいずれ一〇〇年経てば原型を止めない。印刷物でも酸性紙は将来のないことが判っていて、永久保存するものは非酸性紙に刷り替えなければならない。

◉一九世紀生活道具博物館なら大丈夫

二〇世紀、ことさら二〇世紀後半の物は、二二世紀には大半が粉の形でしか残らないのである。すでに文化財保存のほうでも時代の下る物ほど保存修復に苦心が始まっている。フィルム類にして然りで、マイクロフィルムに残された記録の学術的分析には何十年とかかるもので、研究者も年をとるがその間にフィルムのほうが劣化していて、写し替えしなくてはならず、そっちのほうに予算が喰われてしまって研究が進まない。

こうなると、デパート買い占め作戦もトンネル博物館も、そしてあちこちでつくられたタイムカプセルの中も、保存しておいた歳月が意味を持つようになる頃には、中味は粉ばかり。

一九世紀末のデパート、いや百貨店買い占めだったら、二〇〇〇年にオープンしても二一〇〇年にオープンしても大丈夫。鉄板はあんまり薄くできなかったし、プラスチックはまだなかったからである。

では、この自己崩壊する文明、一切合財がぱっと白けむりになる文明を、過去を語れる文明に直していくにはどうしたらいいか。

答えはしごく簡単である。一〇〇〇年前のお宝を蔵した正倉院へ戻ればいい。そのお宝をつくり上げた材料——天工の自然材の特質をよく活かした自然に近い材料が永持ちするし、感触、持ち味も心から親しめる。

現代の庶民平民・私たちの生活財のゴタゴタ片づけ論に、正倉院は位が高すぎるきらいはあるが、とにかく貴族のお宝であるにしても、それはちょっとレベルの高い、けれども日常身辺の生活財がほとんどである。それから一〇〇〇年も経っているのだから、当時は貴族にしか手に入らなかったレベルの物が、庶民の日常品になっても不思議はないのではないか。

それにしては身辺にゴタついている物たちのレベルが低く、しかも一〇〇年保たない——保たせる必要もない非文化財でしかないとすれば、さっさと捨てても、そう心は痛まないのではないか。

物を大事にすることは大事だが、その前に大事にしなければ気の済まないような大事な物を持つべきである。そういう大事な物が現代・高度消費産業体制に、つくれるものかどうかが、ここで問いなおされてくる。

先に生活の場に詰めかけてくる物たちを大きく分類した。生存財と消費財、生活財と文化財。生存財と消費財はよく整理すればそんなに嵩張らないし、種類も限られている。生活財と文化財はその区別も曖昧だし、評価も人によって違ってくる。種類も数も限りがない。生活者としての見識と生き甲斐のありかによって、無限の欲求を有限に押さえ込むのが、物をめぐる文化のありようというものであろう。

私自身がその辺の見境がつかず、見境なくいろいろ溜め込んでいる手前、これ以上大きなことはいえないので、いわないことにする。さあて、この本の説に従って、すこし我が家の内も片づけてみるか。まずは靴の踏み場もない玄関から——あ、この革のスキー靴はそうそう粉にはならない文化財だナァ——と押し板ミニ床の間へ。

あとがき——「怒りの葡萄」に触発されてひと暴れ

ふだん温厚で通ってる山口さんにしては過激な本が出来《いでき》てしまった。「百の知恵双書」編集企画人・真鍋弘さんの投じた極めつけの一言、いや「言葉のひと房《ふさ》」のせいである。

住まいの設計術について何か一冊を、と執筆をうながされて差し出したのは、『収納の類型学《タイポロジー》』なる穏和な構想だった。道具を仕舞い片づける道具＝収納具にはいろんな類型《タイプ》がある。箪笥・長持とか針箱とかね。仕舞われる道具のほうにも「仕舞い寸法を小さく」と身を縮める努力をしている物もある。重箱スタッキングとか、釣り道具の振り出し竿とか、箱の中に箱が入って、またその中に……の入れ子とかね。こういった収納の美学を掘り起こす試みで、綺麗な、文化的な香りのする本ができそう——それでいきましょう、と真鍋さんも同調してくれた。プロジェクトの打合せはあっさり片づいたので、あとは気楽によもやま話。

最近、引越したんですよ、と真鍋さん。いやあ物との戦いが大変で、激闘の延長戦がまだ続いていていて、片づくメドが立たない、という。どうもこれは我が家だけの問題じゃないようです。現代生活の物溢れは日本人の生活全体に襲いかかっている異常事態じゃないですか、と真鍋さん。物の叛乱で生活が破綻している。日本の住宅設計者はこのモンダイから目をそらして逃げているんじゃないですか、山口先生——ときた。

山口先生「……ムムム」真鍋さんの本音の言葉のひと房、『怒りの葡萄』（J・スタインベック）のひと房に触れて、シビレた！「山口先生（業務上の呼ばれ方）、収納の美学だのと綺麗ごと並べて、ほんとの問題から逃げてしまっていいのか」と、この「怒りの葡萄」の一撃は効いた。昌伴君《しょうばんくん》（友人たちの呼び方、本音のときの自称）としても、収納の類型学なんてゴタクを並べてる場合じゃない。そんな研究でゴタゴタ病が片づくわけがないと、自分も含めて生活感覚の欠落している住宅設計者への日頃の不甲斐ない思いが噴出してきた。ひとつヤッタルカ！と、企画案のヤリナオシに取りかかった。

本書第2章に「収納の類型学」は生き残っている。けれども内容からは美学なんか消し飛んで、仕舞う物と仕舞われる物の喧嘩騒ぎの実況中継あり、仕舞う道具に仕舞われたくない道具たちの叛乱のルポルタージュ、仕舞う文化大革命の過激な一場七幕の剣劇大立ち回りとなっている。

本書は「怒りの葡萄」のひと房に触発されて、一気呵成に書き上げたものだが、それだけに長年にわたって昌伴君の胸中・脳間にわだかまっていた課題が、文明学、文化学、人間学、生活学の巨視的な視座からと、逆に精神医学、行動心理学、生態学、道具学といった微視的な視点がないまぜになって、総合的に噴出してきている。文明学ではゴタゴタ病の起源としての近代産業技術の根本問題のありかと解決の方向——生活者の生活技術による対抗の方法を示している。文化学としては価値（片づけ、仕舞うに値する物と捨てていい物）の東西比較論を含めての見解を立てている。

「仕舞う」と「片づける」とは違う。片づけはまず分類に始まる。片づける物のほうが単純なら片づけるのは簡単。だが日本人の価値観、物の見分け・意味分けは複雑系。片づけたつもりの物が舞い出す。その舞いのかたちを「仕舞い」と見る視座から一見片づいてないかに見える景観を分析し直す必要がある。本書では「テレビの上に吹き溜まる物たち調査」から、新たな仕舞いのかたちを探っている。これも文化・価値論として大事なところである。住居論の極めつけとしては、生活の場はドラマを演ずる舞台と大道具・小道具を準備してある楽屋（道具蔵）から成るのに、楽屋の中を舞台に演技を余儀なくしている現状――の悲劇！　から抜本的な仕舞える住まいの住居型態論を立てている。

叛乱する物たちの見方としては、物たちの心性、性格、根性のようなものに注目している。物には人類と同様にいろんな性情をもった種族、部族がいる。土間があると自分で歩いてやってくる土間族や高いところに上がりたがる高居族、卓上に居つきたがる卓上族、隙間を見つけると入り込んで居心地よさそうに挟まれている隙間族――物、人工物、道具の精神分析医学を片づけ学の基礎学のひとつとして提唱している。生活論では生活用具の自動化などによる生活の空洞化に対して、生活技術の復権が片づく暮らしの要因となることを挙げている（産業技術は一器一用・単能道具を売り込む。生活技術は手で道具を使い廻す一器多用・万能道具――第1章2）。

本書の最終章では文明論・文化論の相互作用の因果として、「自己崩壊する文明と文化」に言及。二〇世紀末生活道具博物館を一〇〇年後にオープンしたら、収蔵品の大半を占めるプラスチックものがほとんど粉になっていたという二〇世紀末文明の「粉飾決算論」は文明批評を超えて、もう文明哀歌《エレジー》である。

仕舞える住まい――その住まい方と仕舞い方を求めてゴタゴタ現象を分析していくとき、そこに近代産業社会論から物の生物にも似た振舞いまで、人間論から価値論まで、実に多面的な事象のからみあいの構造をとらえることが決め手であることが判ってくる。本書はいわばゴタゴタの生活場面という病体を透視《レントゲン》して、その原因要素の相関のしかたの構造、その目に見えない骨格の造像作業をレントゲン技師としてやってお見せしながら、患部ごとに治療法や手術法（市民陪審員制度下の裁判では死刑になるような抜本的住居プラン）を示したりした。そのゴタゴタ病科医師としての指摘のうちには、患者が病気と思い込んでいた症状（整理不順恐怖症）には、収納脅迫産業によって思い込まされた思い込み病のケースも多いという指摘も含まれている。実際、この病気は収納家具産業がつくり出すことが多いというのは事実である――なんだかゴタゴタ病治療の範囲を超えそうになってきたので、ここで筆を止めたい。

編集者・真鍋さんのひと房の本音の言葉――「怒りの葡萄」に触発されて、一気に書き下ろした本書は、昌伴君にとっては一篇の作詩であった。ゴタゴタ病療養の声明《しょうみょう》（病気を克服するために唱える一巻のお経）ともいえる長篇の叙事詩を吟じ出す作業であった。本書ゲラ刷りをもとにする対談には、「はじめに」で日本に一〇人もいないと記した収納問題注目者のお一人、渡辺光雄さんにお出ましいただいて意気投合、独吟によい伴奏を加えて下さったのが嬉しかった。私の本文上で着想したプランニングや構想イメージの粗放なスケッチを解読したイラストレーションは松本徹さんの手によるもの。本業のアーキテクト（建築家）としてのご多忙のなかを寸暇を割いて下さったのは申し訳なくも、おかげで本書の解読度がぐっと高められて有難かった。

筆者識

二〇〇七年九月

百の知恵双書
014

仕舞える住まいの収納学

ゴタゴタ病根本治療の処方箋

山口昌伴

山口昌伴◎やまぐち・まさとも
一九三七年大阪府八尾生まれ、京都育ち。岡山、彦根を経て東京へ。

早稲田大学建築学科卒。住宅設計から生活研究の道へ。

専門は住居学・生活学・道具学。

道具学会事務局担当理事、日本生活学会編集委員、日本産業技術史学会理事。

主な著書に『台所の一万年』（農文協）、『台所空間学〈摘録版〉』（建築資料研究社）、

『世界一周「台所」の旅』（角川書店）、『図面を引かない住まいの設計術』（王国社）、

『日本人の住まい方を愛しなさい』（王国社）、『台所の一〇〇年』編著（ドメス出版、神戸賞受賞）、

『水の道具誌』（岩波新書）など

2007年11月1日第1刷発行

著者　山口昌伴

発行　社団法人農山漁村文化協会
〒107-8668　東京都港区赤坂7-6-1
電話　03-3585-1141
ファックス　03-3589-1387
振替　00120-3-144478
http://www.ruralnet.or.jp/

編集・制作　有限会社ライフフィールド研究所
印刷　株式会社東京印書館

ISBN978-4-540-04082-5

ブックデザイン　堀渕伸治◎tee graphics
カバー・イラスト　松本 徹

百の知恵双書

014

たあとる通信

■ no.014
日本人の暮らしと収納
山口昌伴・渡辺光雄
楽屋で演技する今どきの住まい
シンプルで個性的な「動く生活」
四季のしつらえを楽しむ暮らし
見直したい箱収納
実態のなかに恐ろしいほどの提案がある

日本人の暮らしと「収納」

山口昌伴＋渡辺光雄

●──楽屋で演技する今どきの住まい

山口　雑誌で物を仕舞う工夫をいろいろ特集したりするときには、「収納」という言い方をするわけですが、それが私には何か言葉として強迫的なニュアンスがあるような気がするんです。「片づける」ならいいけれど。「収納」は漢語です。人を脅迫するとき漢語をもち出す。収納は強迫産業いう感じがあって（笑）。

渡辺　そうですね、昔、農村で生活改良普及員の人から主婦たちに収納術を教えてくれと講演を頼まれたことがありました。だけど結局はなぜ散らかるかというような生活様式の話を延々としたんです。かっこよく片づけるという話にほとんどいかないでね。でも、主婦たちはケタケタ笑いながらよく聞いてくれました。自分たちが悪いんじゃない、日本人の生活様式の問題なんだと（笑）。結局、今日の住宅設計がうまくいっていないことと、昔からある生活様式──私は「広げて片づける」と言っていますが、それが物が多くなるにしたがってますます大変になってきて、ますます散らかるようになってきた。この両方が相まって、現在のような状態になってしまったような気がするんです。

日本人は基本的な生活様式として床面に広げるという習慣を持っていますから、これを改めることはなかなかできませんし、また物を買い込む習性や愛する習性もまだまだ続くような……。

山口　今どきのほとんどの住宅の設計は部屋取りをしている、けれど日本の伝統的な住まいは部屋取りではないんですね。日本の住まいはどうでも仕切れるユニバーサルな空間でした。昔の家だと、「住まい」と言っているのは、舞台でしてね。生活を演じる舞台。それに対して楽屋というのがあって……蔵ですね。それがほとんど同じぐらいの面積があった。その楽屋がなくなって、住まいだけ、舞台だけが残った。

逆に言えば楽屋裏だった蔵の中に暮らしているのが今の住まい（笑）。楽屋で演技をするのは無理だという話ですね。それを第1章で書きました。

渡辺　テレビで『突撃！隣の晩ごはん』とか、『鶴瓶の家族に乾杯』とか、『田舎に泊まろう！』とか、庶民の家に突然入っていきますね。面白くてよく見ているのですが、とにかくものすごく物があります。あれが今の日本の庶民の住まい。この現実を住宅メーカーや建築家は見ない。だからちょっと物を置いたら生活できないような住宅が増えている。ああいう住宅設計を変えなければいけないし、一方で、庶民のほうもそういう生活を変えていかなければこの問題は片づかない。

今までは、物を買い込むことの豊かさだったわけですが、二一世紀の豊かさは、もうちょっと違うのではないかと思います。その動向はちょっとあるような気がするんですけどね。

山口　この本に冗談みたいなプランを載せてるんですが、玄関と勝手口は分けるべきだと「変装室のある家」を考えていたら勝手口はどこまで行っても土間でいいとあらためて気が付きました。

渡辺　山口さんは「土間に居たがる物」について書いていますが、とても意味深長な言葉だと思います。土間に居たがる物ももちろんあるし、犬がそうですね。鳥なんていうのは餌を飛ばすでしょう。それから切花とか、いっぱい居たがる物がありますね。ところが団地・アパートには土間がないから生活がとても窮屈です。水も撒けないし、汚せない。

山口　玄関に集まっちゃう。で、靴の踏み場もない（笑）。

編集　「変装室のある家」は初めは画期的なアイデアをと山口さんは考えていたわけですが、だんだん固まってくると、これに似たプラン、昔あったなと。通り土間《にわ》があって、その先に蔵がある。これ、町家のプラン。「変装室のある家」は町家の一戸ですね。

渡辺　町家の通り土間は歴史が下がると、だんだん縮小していくんですよ。売り買いの対象になると、土間を部屋にしてしまうようになる。部屋数が多いということで売っていく。通り庭が生命線だったわけですが、町家から「仕舞屋《しもたや》」になっていって、通り土間がつぶされ、次第に畳の部屋になっていく。土地や家が売り買いされるようになると、通り土間のような価値がスッとなくなっていく。

山口　縁側もそうですね。一〇畳あるのを八畳と書くと損だという感じで、縁側も部屋に入れて一〇畳にしてしまう。

渡辺　フーテンの寅さんがしゃべるのは、寅屋の通り土間ですね。二階に上がる階段の前、あそこが最高の場所（笑）。

山口　日本人のビヘイビア――空間行動の性向として、端っこを好むんです。縁側とか上り框。そこは異質な空間の接点なんです。人が居心地のいいところを見つけて居つくように、物のほうにも居つきたい場所がある。下駄箱の上がその象徴です。

●——シンプルで個性的な「動く生活」

渡辺　ちょっと話が変わりますが、私、今、玄関の下駄箱に注目しているんですよ。だいぶ前から下駄箱が造り付けになってきているんですね。下駄箱へ入れる物がたくさんになって、壁にビルトインされるようになっている。このビルトインという手法をもっと徹底して、テレビも洗濯機も冷蔵庫もビルトインすると面白い。冷蔵庫は昔は1ドアでしたが、今買ってくると4ドアか5ドアでしょう。だけど将来は壁いっぱいにビルトインすると、26ドアぐらいになるかもしれない（笑）。洗濯機もどこかの壁にくっつけちゃう。そういうビルトインを徹底して、かつ小さい小物のいろいろな入れ方の収納の知恵を工夫すべきではないかと思っているんです。

編集　渡辺先生の言われた「広げて片づける」文化から言うと、日本人はビルトインして見えなくなると、何か行き届かなくなりませんか。

渡辺　「広げて片づける」ことが可能なのは上床があったからです。外国のように土間だと広げられない。昔の日本人はけっこうこまめに片づけていたんです。E・S・モースが明治に日本へやってきて、物が置いていない美学にびっくりしている。アメリカは当時はゴタゴタ物を増やしていましたからね。そういう美学に驚かれたわけですが、いつか我々はそれを忘れてしまいました。

　ですからもう少し「動く生活」に変えていかないといけませんね。動く生活というのは、片づける生活もそうですけど、光を入れたり、風を入れたり、そういう自然を感じたり変化を感じたりする豊かさを求める生活で、これがこれからの日本人が求める豊かさだと思います。ごはんを手づくりするとか、月を見るとか、そういうことの中で、片づける楽しさとか、しつらえのよさみたいなことをもう一度学んでいく必要がありますね。

　私はこれから「人生九〇年時代」になると考えているんですけれど、六〇歳からの熟年の世代の年寄りが、そういう生活を復活してほしいと思っているんですよ。その世代の生活って、今まではなかった。これから新しくつくろうとしているんです。

　山口先生は蔵のことを書かれていますが、蔵は大家族のもので

渡辺光雄（わたなべ・みつお）
1942年生まれ。岐阜大学教育学部教授。住生活様式の研究、特に床座・イス座・土座など世界の起居様式のなかでの日本の様式の特徴の研究と「建具」の研究および家具類の「ビルトイン」の種類と歴史の研究をすすめている。主な著書に『住み方を創る——人とモノとのいい関係』（連合出版）、『住領域から考える「サザエさん」の家庭科教育論』（教育図書）、『新・住居学』（共著・ミネルヴァ書房）がある。

山口昌伴（やまぐち・まさとも）
プロフィールは152頁参照。近刊予定に『ちょっと昔の道具から見た住まいの再設計』（王国社）、道具学叢書『首から上の道具学——頭のてっぺんから足の先まで、身につける道具の100年・PART1』（ラトルズ）がある。

す。大家族だと代々物を持っていきます。減らしていく物なんてない。ところが、これからの時代は小家族になる。単身世帯が多くなる。先ほどの熟年世代も含めてシンプルな生活になるんですね。そうすると、子どもに資産を渡すとか、物を残しておこうとか、買っておいたら何か役に立つだろうという、次世代の生活の構えで買い込む必要がなくなってくる。もっと単純に、しかも個性的になっていくようなことを私は期待しているんですがね。

山口　物を誰が持つのか、という視点は重要ですね。代々使う物なのか、一代こっきりか。それと、単純かつ個性的、そのへんがやはりこれからのライフスタイルのポイントだと私も思います。生活というのは本来、道具を使って創造的に何かをすることですね。できあいの商品に個性なり何なりを寄託してしまうと、結局、物はいっぱいになるけれど、生活は空洞化するわけです。

ですから、それを取り戻していくには、やはり身体や手足を動かして道具を使って生活を取り戻していかなければならない。自分が動いてやっていくということで、面白くもなってくる。

●——四季のしつらえを楽しむ暮らし

渡辺　この間、アメリカの戸建て住宅を訪問したんですが、やはり物が少ない。扇風機が、日本人が昔使っていたグルグル回る単純なのが一個あるだけ。日本は毎年、微風だとかそよ風だとか、どんどんバージョンが上がりますね。そのたびに買い替える。それに比べて外人は単純です。

それで考えたんですが、山口さんが書かれているように、企業に買わされている面もあるけれど、どうも日本人は生活のしかたに微妙にこだわる体質があって、それが物の多さにつながっているという気がする。なぜかというと日本は春夏秋冬、すごく変化する。年がら年中天気予報を見ているでしょう。今日、着ていく物はどうしようとかね。こんなにきびしく天気予報をチェックしている国民はいないですよ。それだけ、食べる物も着る物も多様だし、窓を閉めたり開けたりするのも激しいわけです。それに伴って物も多くなる。

だけど、これだけ変化がある国に暮らしているのは我々の宿命だし、それならばより積極的に味わっちゃえと。それが身体を動かして「動く生活」を楽しむということですね。収納空間をただ増やしても、ますます「死蔵」が増えるだけで、それを使いこなすためにも「動く生活」を構築してゆく必要があると思います。

山口　京都で五月の末ごろ夏座敷に建替えをやってもらったことがあるんです（四二頁参照）。建具がみんな変わりますね。それに伴って敷物も変わる、スリッパも灰皿も変わる。そこまで変わるわけですね。それで、ほんとに夏が来ました（笑）。そのときは、おばあさんが一人でやってくれましたが、午前中に済んでしまった。ほんとに建替えちゃった。びっくりしましたね。

日本はこんなに季節の変化が激しいのに、しつらえを変えずに夏にも冬にもちょうどいい家なんかできるわけないんですがね、その仕替えにはたくさんの物が要ります。

●——見直したい箱収納

渡辺　建替えは蔵がバックにあって、はじめて可能だった。僕は納戸を、夏納戸と冬納戸をふたつつくれと提案しているんです

（笑）。これひとつだと入れ替えることがとても面倒なんです。片一方をいつも空にしておくような、それぐらい現代の日本人は物をもって生活しているんです。私も昔、蔵を調べたことがありますすごいですね。ぜんぶ箱にラベルが貼ってあってね。というのはこれからの日本人の住まい方を考える時に、大きなヒントになりますね。

江戸時代、「はこ」という言葉は六種類ぐらいある。箱も大きい箱から小さい箱、鎧箱とか、いろいろあって、全部押入れに入れてあって、必要なときに持ってきて、畳の上に広げて、やり終えたら仕舞う行動があったんですね。それは、けっこういい風習でね。今、鎧はないけれども、今でも裁縫箱とか化粧箱とか道具箱とか、少しはある。それの現代版をつくり、けっこう広げるのを片づけておくと。それも、あんまり几帳面じゃなくて、適当に使う箱みたいなものですね。それをつくって積み上げるようなデザインといいますか、それを使うような生活スタイルを復活してもいいんじゃないかと思いますね。

山口　そうですね。裁縫するときには裁縫箱が出てくるわけですけれど、針箱といっているやつは引出しがいっぱいついている。あの中は片づかない。けっこうゴチャゴチャなんです。どこへ入れたかわからなくなる。日本人は苦手なんです。

渡辺　ああ、引出しは苦手ですか、日本人は。

山口　苦手です。でも引出しであってもいいわけです。引出しを抜いてくればいいわけです（笑）。引出しは抜いてはいけないような強迫観念を捨てたら箱を納める箱箪笥になる。日本人は分類が不得手だから引出しに分類収納は無理で、渡辺さんの言われる「あまり几帳面じゃない箱」が日本人にはちょうど合っている。

●――実態のなかに恐ろしいほどの提案がある

渡辺　学生に聞いて面白いと思ったのは、茶碗と箸と湯飲みを家族銘々持っているかと。これを質問すると、最近、共有というのが増えたんですね。箸も茶碗も湯飲みも。どうです？

編集　ええーっ。考えられない（笑）。

渡辺　そうでしょ。でもコーヒー茶碗とかフォークやナイフは家族共有でしょ。なぜこういうことを聞いたかというと、日本人が物をものすごく持っているなかに、こだわって個人別に持っている物が相当数あるんですね。箸や茶碗がそうですね。スリッパなんかもそう。しかし、現代の生活様式を細かく見ていくと、そんなに固定的ではなくて、すこしずつ意識が変化してきているという気はするんですね。

山口さんも書いておられますが、物を誰が持つか、物の共同化というテーマは、これからの豊かな生活を考えていくときに、とても大事な課題ですね。これまでは個人的にまかされ過ぎてきました。さっきほどの単純かつ個性的な生活ということと関係することですね。

佐々木嘉彦先生が建築空間以外に、設備だとか家具だとか、小さな物に注目しなさいと学生時代（東北大学）に我々に教えてくれて、僕はそのまま受け継いで、小さな物にこだわっているわけですが、多くの建築家とか建築計画の研究者はそうではないですね。家具とか道具とか、物づくりに関わる人たちと建築家はもっと一緒に考えて、物をつくらないといけないですね。

山口　動線や間取りがどうのと言っている範囲ではぜんぜんだめなんですよ。僕も生活学会の中で、道具から生活を見ようという部会をこしらえたんです。それを独立させて道具学会に。

渡辺　ほんとに、そこから見ないといけませんね。僕は個別的な、具体的な、小さな物から見つめていきなさい、むしろ例外ぐらいから見つめていきなさいということをよく学生に言うんです。

かつて小学校の生徒にそういうことを調べさせたことがあるんです。面白かったんですよ。自分の机の中にある細かい物を全部調べなさいと。それは、片づけるという授業を教育学部の付属小の先生がやってくださったんですよ。調べたら、みんなびっくりするくらいいろいろな物が出てきた。その結果、すごくいい教育ができました。片づけるとは、使いやすく片づけることだと小学校六年生が言ったというの。すごいでしょう。使いやすい収納というのはものすごく大事なことですよね。

編集　では、大学の建築学科のほうは何を教えているのでしょう。

渡辺　基本的に今の大学の建築学科は住宅をやらなくなってしまったんですよ。住宅はいちばん難しいので、じっくりやらなければならないのに、大学ではほとんど教えなくなってしまって、ビルばっかり教えている。住宅からやり直してほしいんですけれどね。山口さんは玄関が設計できれば住宅はできると述べていますが、それはもっと現実の住宅の実態を見なさいということですね。実態のなかには、恐ろしいくらい提案がある。庶民の知恵は、北海道から沖縄までいろいろある。調べ回ったらびっくりしちゃいますよ。それをもっともっと拾い出していくことがたいせつですね。

山口　建築の設計方法と住居の設計方法とは学の体系としてまったく違う体系なんですよ。だから建築設計ソフトを動かして住居の設計もできると思っちゃってるのはマチガイ、というよりクルってる。建築学科が住居設計に関することをやらなくなったのは、そういう意味では正しい。でも、ただ放り出すんじゃなくて、ちゃんと違いを鮮明にして、建築学科と並ぶ住居学科を建てるべきですよ。住居学の名を冠しているところはあるけれど、中味は一方は建築ソフト応用派で、これは役に立たない。もう一方は家政学とその一部でもある栄養学・保育学・看護学からの応用だけど、デザインセンス（設計力）がゼロなんで生活の場は設計できない。住居に物を送り込む消費産業側には住居学・住まい学なんかないし、住宅産業の側は「なに？　生活研究？　そんなことに手間かけるひまに一軒でも売ってこい！」（笑）。この一〇〇年、日本の住まいは研究なき模倣・剽窃・捏造の流れです。

編集　山口先生に言わせると、住まいはだあれも設計していない。

山口　そうなんですよ、研究力も設計力もなき建築学・住居学、住居学なき家事家電産業、仕舞う道具学なき収納脅迫産業、そして仕舞うソフトを含めて生活技術を失った生活者の四すくみで、片づけても片づけても片づかないゴタゴタ病は慢性生活習慣病と化しているんです。

編集　山口先生は「はじめに」で、「収納設計を論ずる人は日本に一〇人いるか」と述べていますが、その一人として山口先生ご指名の渡辺先生との「出会い」の一座建立《いちざこんりゅう》、ゴタゴタ病治療学事始めとして、貴重な対談になったと思います。渡辺先生、山口先生、ありがとうございました。

（二〇〇七年九月収録）

「百の知恵双書」既刊案内

棚田の謎——千枚田はどうしてできたのか 001
田村善次郎・TEM研究所
棚田は、この国に生きた日本人の生き方を象徴する風景である。山間と海辺の二つの対照的な千枚田を例に、どのようにして棚田がつくられ、またどのような暮らしが営まれてきたか、ビジュアルに再現する。第一回棚田学会賞受賞。

住宅は骨と皮とマシンからできている 002
野沢正光
地球環境時代の現代、住宅をつくるときに求められる条件とは何か。自邸の計画を深く掘り下げて見せることで、具体的に一般の読者に向けて書かれた住宅入門の書。

目からウロコの日常物観察——無用物から転用物まで 003
野外活動研究会
路上に転がるモノたちを観察すればするほど、不思議いっぱいの今の暮らしの有り様が見えてくる。モノ不足の苦しみから半世紀。あふれ続けるモノへの困惑のなか、野良化するモノたちが見せる道具の原点。

時を刻むかたち——樹木から集落まで 004
奥村昭雄
環境と時間の繰り返しから生まれるかたちは限りなく複雑で、かつ美しい。こうしたかたちは自然のリズムのなかでなぜつくられるのか。自然の力を建築に利用して快適さを追求してきた建築家が見た人と自然の博物誌。

参加するまちづくり——ワークショップがわかる本 005
伊藤雅春・大久手計画工房
「参加するまちづくり」とはまちのビジョンをそこで暮らす住民が共有し、地域のことは地域で決めるという自由で開かれたまちづくりのことである。地域の意志をつくり出していく「まちづくりワークショップ」の知恵と技を伝授する。

洋裁の時代——日本人の衣服革命 006
小泉和子
日本人の服装がほぼ完全に洋服に変わったのは昭和二〇年以降のこと。敗戦直後の困難な暮らしを生き抜くなかに、女性主導の衣服革命があった。この時代に女性たちはどのようにして洋服を自分のものにしていったのか。

樹から生まれる家具——人を支え、人が触れるかたち 007
奥村昭雄
人を支え、人が触れる家具は最も人間の近くにある道具である。自然の木の良さと美しさを最大限に引き出すために、無垢材による生地仕上げという困難な家具作りを四〇年にわたり続けてきた建築家の研鑽のすべてを明らかにする。

まちに森をつくって住む 008
甲斐徹郎＋チームネット
これからの住まいづくりにおいて最も有効な方法は、地域の緑の価値を見直し、それを快適な「天然の空調装置」として住まいに活かすことである。「まちに森をつくって住む」ためのビジョンと実践例を示す。

昆虫——大きくなれない擬態者たち 009
大谷 剛
昆虫はなぜ大きくなれないのか。どうして六本足なのか。擬態が生まれる理由は何か。地球の生命進化とのかかわりの中で、しぶとく生き抜いてきた昆虫の運命を明らかにし、生態系を支える彼らの奇策の数々を愛情豊かに解剖する。

椅子づくり百年物語 010
宮本茂紀
床屋の椅子は、いつから座り心地がよくなったか。フランク・ロイド・ライトが自らデザインした椅子に込めたものは？ 椅子の試作開発に半世紀にわたり携わってきた著者が、職人ならではの経験と洞察力で語る椅子の技術史。

足もとから暮らしと環境を科学する

「百の知恵双書」の発刊に際して

21 世紀を暮らす私たちの前には地球環境問題をはじめとして、いくつもの大きな難問が立ちはだかっています。今私たちに必要とされることは、受動的な消費生活を超えて、「創る」「育てる」「考える」「養う」といった創造的な行為をもう一度暮らしのなかに取り戻すための知恵です。かつての「百姓」が百の知恵を必要としたように、21 世紀を生きるための百の知恵が創造されなければなりません。ポジティブに、好奇心を持って、この世紀を生きるための知恵と勇気を紡ぎ出すこと。それが「百の知恵双書」のテーマです。

「百の知恵双書」新刊案内

台所の一万年 011
食べる営みの歴史と未来
山口昌伴

台所からキッチンへの一〇〇年の歩みは「効率良く」「美しく」であって、決して「美味しく」「健康に」ではなかった。台所の一万年に蓄積された「食べる営みの知恵」を掘り起こし、二一世紀の日本のあるべき「美味しい台所革命」を提唱。

湖上の家、土中の家 012
世界の住まい環境を測る
益子義弘

地球上の各地域の多様な住居はその風土の特質のなかで、どのような居住の快適さを生む知恵や工夫をもっているのか。イラン、ペルー、スペイン、ベトナムの四つの地域の住居を調査したフィールドワークの書。

日本人の住まい 013
生きる場のかたちとその変遷
宮本常一

日本人の住まいのかたちは、どのようにして形成されてきたのだろう。それは日本各地の暮らし方や生産のあり方、家族のかたちの変遷とどのように結びついてきたのだろうか。広範な全国に及ぶフィールドワークの見聞と体験を通して、日本の民家を庶民の「生きる場」という視点からとらえた刺激的な民家論。